Kinderwerkstatt Malen

Christina Studer

Kinderwerkstatt Malen

Mit Kindern auf dem Weg der eigenen Bilder

AT Verlag

© 2003
AT Verlag, Aarau und München
Lithos: AZ Grafische Betriebe AG, Aarau
Druck und Bindearbeiten: Proost, Turnhout
Printed in Belgium

ISBN 3-85502-877-X
www.at-verlag.ch

Inhaltsverzeichnis

7 **Vorwort**
7 Danke für die Einladung

9 **Einleitung**
9 Das Ohr hört Worte, das Herz hört mehr
13 In den Schuhen des andern

14 **Bilderseele – Seelenbilder**
14 Was heisst «bildern»?

21 **Malen im Malatelier**
21 Der Malraum, eine vorbereitete Umgebung
27 Kinder in die Stille führen
31 Die Lebendigkeit des Bildes

41 **Hilf mir, es selbst zu tun**
41 Der innere Plan
44 Der Weg aus kindlicher Abhängigkeit
50 Von der kindlichen Fähigkeit, glücksbereit zu sein

53 **Entwicklung von Sprache und Kommunikation**
53 Der emotionale Aspekt der Sprache
58 Die Mitteilung eigener Bedürfnisse
59 Die Suche nach einer sinnvollen Ordnung
60 Konfliktbewältigung durch Kommunikation
62 Das schöpferische Gespräch

71 **Eine Beziehung ist wie eine Brücke**
71 Brücken bauen
83 Kontakt findet an der Grenze statt
85 Spieglein, Spieglein an der Wand
91 Heilender Humor

94 **Blockaden und Störungen in der kindlichen Entwicklung**
94 Die ideale Kindheit gibt es nicht
95 Kreativität – die nützliche Werkzeugkiste
95 Angst und Enge
99 Die Unterdrückung natürlicher Aggression
103 Integration statt Ausgrenzung
104 Die Entfremdung vom natürlichen Lebensraum

108 **Das Kind im System der Familie**
108 Die Familie als Beziehungsnetz
114 Wenn Eltern sich trennen
114 Die kindliche Loyalität
116 Lebenskraft besteht darin, «tätig zu sein»
117 Unerwünschte Sehnsucht und eingeschlafene Träume

120 Wie Kinder danken

122 Mein Dank an die Kinder

123 Begleiten lernen

124 Die Autorin

125 Zu meiner Arbeit

Unsere tiefgreifendste Angst ist nicht, dass wir ungenügend sind. Unsere tiefgreifendste Angst ist, über das Messbare hinaus kraftvoll zu sein. Es ist das Licht, nicht die Dunkelheit, die uns am meisten Angst macht. Wir fragen uns, wer bin ich, mich brillant, grossartig, talentiert, fantastisch zu nennen? Aber wer bist du, dich nicht so zu nennen? Du bist ein Kind Gottes. Dich selbst klein zu halten dient nicht der Welt. Es ist nichts Erleuchtetes daran, sich so klein zu machen, dass andere um dich herum sich nicht unsicher fühlen. Wir sind alle bestimmt zu leuchten, wie es Kinder tun. Wir sind geboren worden, um den Glanz Gottes, der in uns ist, zu manifestieren. Er ist nicht nur in einigen von uns, er ist in jedem Einzelnen. Und wenn wir unser eigenes Licht erscheinen lassen, geben wir unbewusst anderen Menschen die Erlaubnis, dasselbe zu tun. Wenn wir von unserer eigenen Angst befreit sind, befreit unsere Gegenwart automatisch andere.

Nelson Mandela

Vorwort

Danke für die Einladung

Mit dem Manuskript «Kinderwerkstatt Malen» hast du mich zur Erstbegehung an den Ort eingeladen, wo dein Tagewerk mit Kindern stattfindet. Ich habe dies gerne angenommen, bin neugierig durch die Seiten gegangen, gespannt auf der Suche nach der Pädagogik des Malens. Und siehe da, unbekleckst, doch farbiger im Denken und reicher an lebendigem Wissen bin ich herausgekommen. Ich habe beim Lesen und Blättern gelacht, geseufzt, bin traurig und nachdenklich geworden, habe gestaunt und zwischendurch den eigenen Gedanken freien Lauf gelassen.

Ein «Aufsteller» ist dein Buch, Christina, ein Purzelbaum in Zeitlupe durch die Pädagogik, Aufwind für Gedanken über Kinder, neue, schillernde Wirklichkeit wie deine Farbpalette im Atelier mit Gold und Silber – sag, darf man davon nehmen, so viel man will, oder ist Kostbares nur beschränkt verfügbar? Siehst du, vor lauter Staunen, Lesen und Schauen habe ich vergessen zu fragen. Du hast mich fasziniert mit der Art, wie du erzählst – ein poetisches, erzählendes Fachbuch. Kein einziges Mal habe ich mich geärgert und gedacht: «Ach nein, was erzählt jetzt die wieder!» Nicht etwa, weil wir uns seit langem kennen und ich dich mag – nein, weil du als sensible Beobachterin Partei ergreifst für das Kind, das ein Anrecht hat, verstanden und ernst genommen zu werden.

Kinder kommen hier zu Wort, zu eigenen Farben und Formen, und es entstehen Bilder, die sie kennen und in sich tragen. Ich sehe dich als geduldiges, freundliches Gegenüber, du hast Zeit und bleibst da. – Hand aufs Herz, wer sehnt sich nicht danach, verstanden und angehört zu werden, Mann, Frau oder Kind, mit und ohne Pinsel und Farbe? Uns Erwachsene lässt du bei deiner Arbeit zusehen und zuhören, hältst inne, wenn die Farbtöpfe gereinigt und die Pinsel gewaschen sind. Du erzählst, was hier vor sich geht, was dich bewegt und wie du nachdenkst über das, was erlebbar wird, wenn Kinder sich anvertrauen und farbige, sichtbare Spuren wagen. Bist du nun «Bilderhebamme» oder Dolmetscherin, was möchtest du lieber sein? Gold oder Silber, Wurst oder Käse – sieh nur, mich kitzelt schon der Schalk, den ich aus deinen Augenwinkeln kenne und der auch zwischen deinen Zeilen hervorguckt, auf dass es kein trockenes Fachbuch sei …

Du hast von den Kindern gelernt, erdig, sinnlich zu sein, du kennst die Wahrheit des Herzens und des Augenblicks. Dir und den Kindern bist du treu geblieben, hast sie nie verraten oder blossgestellt. Du hast um Erlaubnis gebeten, ihre Bilder und Geschichten zeigen zu dürfen. Deine Erfahrungen sind gesammelt über Jahre im intensiven Leben und Arbeiten mit Kindern im geschützten Raum, sorgfältig dokumentiert und ausgewählt. Sie sind eingebettet und gehen nahtlos über in deine persönliche Entwicklung als Frau und Mutter in einer Lebenspartnerschaft.

Geduld, Ehrlichkeit und das Zurückstecken eigener Gelüste auf den Bühneneffekt ziehen sich wie ein roter Faden durch das Buch. Ich nehme es mit auf eine Reise durch eine Gegend, in der wir alle einmal zu Hause waren, im Land der Kinder. Wir haben dieses Land verlassen und den Schlüssel unterwegs zum Erwachsenwerden verloren, haben den Heimatschein abgegeben und sind Weltenbummler geworden – manchmal ein bisschen heimatlos.

So blicke ich mit dir durch das Fenster der Kindheit, staune und freue mich. Als Reisebegleiterin zeigst du mir Unscheinbares, gewährst Einblick in Verborgenes und Wesenhaftes der kindlichen Wirklichkeit. Meine Realität verliert dabei an Erdenschwere, die Fantasie wird wach und wagt zu fragen, wie wäre es, wenn ... Das Spiel ist eröffnet, Lust und Leichtigkeit holen mich ein, das Leben scheint machbar. Dafür gibt es keinen Grund, es sei denn, ein Buch wie deines hätte eine Weile die Zeit angehalten und den Augenblick verzaubert – ich danke dir!

Dorothe Frutiger

Morgensonne
Natascha (10): Es ist ein schöner Tag, die Sonne geht auf. Sie weiss, es ist der erste Tag, an dem Natascha wieder malen wird. Sie freut sich. Jeder Sonnenstrahl hat eine andere Farbe. Es sind alle Farben, die es im Atelier gibt.

Einleitung

Das Ohr hört Worte, das Herz hört mehr

Unsere Augen, aber auch unsere Ohren werden tagtäglich mit vielen Sinneseindrücken konfrontiert, manchmal geradezu von ihnen überwältigt. Wo wir hinkommen, gibt es etwas zu sehen oder zu hören. Durch verschiedenste Medien erreicht uns jederzeit eine Schwemme an Informationen, und die schnelllebige Zeit sorgt unermüdlich für Nachschub. Immer ausgeklügelter sind die Methoden, um unsere Aufmerksamkeit überhaupt noch zu wecken. Längst versuchen wir uns durch emotionale Unerreichbarkeit vor der allgegenwärtigen Reizüberflutung zu schützen. Dabei verschliessen wir uns innerlich vor dem, was wir äusserlich wahrnehmen, und machen uns so zu Unbeteiligten. «Beim einen Ohr hinein, beim andern hinaus!» Diese Devise schützt uns davor, dem, was wir wahrnehmen, mit persönlicher Betroffenheit zu begegnen.

Es stellt sich die Frage: Macht uns die Reizüberflutung zu Unbeteiligten oder schaffen wir uns die Reizüberflutung, um an nichts mehr wirklich teilnehmen zu müssen? Wie immer wir die Frage beantworten, Unbeteiligtsein setzt einen emotionalen Rückzug voraus. Durch diese erworbene Unverletzbarkeit entsteht eine innere Leere, und um diese zu füllen, benötigen wir geradezu eine Schwemme an Sinneseindrücken. Es handelt sich also um einen sich selbst erhaltenden Mechanismus. Auf diese Weise erfahren wir Betroffenheit dort, wo eine Sache nichts mit uns zu tun hat, entziehen uns einer Mitverantwortung und leben eine «Ersatzemotionalität», die es uns erspart, mit einem Gegenüber tatsächlich in Beziehung zu treten.

Eine Gesellschaft aus Unbeteiligten lebt innerlich anonym, während sie äusserlich durch verschiedenste Kommunikationsmöglichkeiten eng miteinander verknüpft ist. Obschon alle für alles jederzeit erreichbar sind, erreichen die Menschen einander nicht dort, wo sie es nötig hätten. So entwickelt sich eine allmählich grösser werdende, oft unerkannte Einsamkeit. Das grosse Bedürfnis, sich mitzuteilen, steht dabei im krassen Gegensatz zur Bereitschaft, einander zuzuhören. Achtsames und uneigennütziges Anteilnehmen und Mittragen durch inneres Betroffensein sind menschliche Fähigkeiten, die dadurch verloren gehen.

Auf ein Du hingehen bedeutet letztlich den Wechsel der eigenen Optik. Zu echtem Verständnis kommen wir nur, wenn wir bemüht sind, eine Situation aus der Optik der anderen Person anzuschauen.

In der folgenden Geschichte erlebt Andreas (7) während des Malens den Wechsel der eigenen Optik. Zuerst sieht er sein Bild nur aus der Sicht des unbeteiligten Zuschauers. Erst danach erlebt er «den Zusammenstoss mit Totalschaden» auch aus der Sicht des verletzten Fahrradfahrers. Seine Betroffenheit verändert von einem Moment zum anderen auch seine Stimmung. Er kommt dem Bild erst jetzt wirklich nahe. Ein stiller und tiefer Kontakt ist auch zwischen ihm und mir deutlich spürbar. Beim dritten Bild steht Andreas zu seiner eigenen Bedürftigkeit.

Der verletzte Fahrradfahrer
Andreas: Da gab es einen Autounfall. Zwei Autos sind völlig kaputt. Sie müssen in die Garage gebracht werden. Es ist alles aufgeräumt, und erst jetzt sehen sie, dass ja hier noch ein Fahrradfahrer verletzt auf dem Boden liegt. Niemand hat es vorher bemerkt.
Ich: Niemand hat es bemerkt?
Andreas: Nein, niemand!
Nachdem er mir zuvor mit Begeisterung den Totalschaden der beiden Autos geschildert hat, wird seine Stimme auf einmal ganz leise und nachdenklich.
Andreas: Jetzt muss er aber schnell ins Spital gebracht werden.
Auf dem zweiten Bild malt er dann Blut und die Medizin, die der Fahrradfahrer im Spital erhält.
Ich: Du bist jetzt der Arzt, der dem Fahrradfahrer helfen kann.

Andreas, ganz stolz: Ja, ich weiss es!
In der folgenden Malstunde malt er ein Bild seines Teddybären.
Ich: Wenn du ins Spital gehen müsstest, würdest du deinen Teddybären mitnehmen?
Andreas: Nein, sicher nicht!
Danach wird Andreas aber wieder ganz nachdenklich. Nach einer Weile flüstert er mir zu: Doch, ich würde ihn mitnehmen.

Im Sinne dieser emotionalen Betroffenheit möchte ich Sie, liebe Leserin, lieber Leser, auffordern, sich durch die Kraft der folgenden Bilder und Geschichten berühren zu lassen. Lesen Sie deshalb nicht nur mit offenen Augen und Ohren, sondern vor allem mit offenem Herzen.

Es kommen Kinder zu Wort, die ich in den vergangenen vier Jahren in meinem Atelier kennen gelernt habe. Kinder, wie sie Ihnen in der Familie, in der Schule oder auf der Strasse begegnen. Sie werden Ihnen mit so viel Reichtum, Lebensfreude und Ehrlichkeit entgegentreten, dass das Lesen dieses Buches auch für Sie durchaus zu einer Reise ins Unbekannte werden kann, deren Ziel am Ende Sie selbst sein könnten. Den Weg dorthin finden jedoch nur Sie allein. Vielleicht so, wie Yvonne (7) ihn beschreibt:

Das geheime Labyrinth
Yvonne: Dieses Bild ist ein Labyrinth. Ein geheimer Weg führt zu einem Schatz. Aber man muss den Weg selber finden und ihn auswendig wissen. Weil man ihn nicht verraten darf, kann man ihn auch niemandem weitersagen und ihn nirgendwo aufschreiben, sonst verschwindet der Schatz. Ich weiss den Weg, aber ich darf ihn nicht zeigen und auch nicht verraten, was der Schatz ist.

Oder Sie lassen sich durch einen hilfreichen Zwerg an den geheimen Ort begleiten und nehmen ein Licht mit ins Dunkel:

Die blaue Zipfelmütze
Michi (9) hat sein buntes Bild mit goldener Farbe übermalt. Alles was davon übrig geblieben ist, ist eine blaue, dreieckige Form.
Ich: Was könnte diese blaue Form sein? Erinnert sie dich an etwas?
Michi: Ja, ich weiss, was es ist. Es ist die Zipfelmütze eines Zwergs.
Danach malt Michi weiter. Er malt den ganzen Zwerg. In der Hand hält er eine kleine Laterne.
Nach dem Malen:

Michi: Der Zwerg beleuchtet den Weg an einen dunklen, unbekannten Ort.
Ich: Ist dieser Ort aus Gold?
Michi: Ja, er ist ganz aus Gold, es ist ein sehr wertvoller Ort!

In Ihrem Leben gibt es mit Bestimmtheit ebenfalls einen solch wertvollen verborgenen Ort. Auch wenn sich dessen Kräfte im Lauf der Zeit vielleicht schützend zurückgezogen haben, da sie vernachlässigt oder unterdrückt wurden, bleibt dieser persönliche Schatz das Einzigartige Ihres Lebens und kann Ihnen nicht verloren gehen.

Oft schenken wir jedoch gerade dem Besonderen unserer Persönlichkeit keine Beachtung, wir versuchen es zu verbergen und orientieren uns am Gewöhnlichen. Wir unternehmen alles, um die immer wieder von neuem aufkeimende Energie zu ersticken, doch vernichten lässt sie sich nicht! Es ist ein grosses Geschenk zu entdecken, dass uns die eigene Ursprünglichkeit allen Widrigkeiten zum Trotz ein Leben lang erhalten bleibt.

Miriams (8) Sonnenblume ist nicht nur eine besondere Blume, sondern hat sich auch einen besonderen Platz zum Wachsen ausgesucht. In ihr ist eine unwiderstehliche Kraft spürbar. Sie gibt nicht auf und kommt zum Blühen.

Wurzelkraft oder: Ich will leben!
Auf Miriams Bild entsteht eine grosse Sonnenblume.
Miriam: Diese Sonnenblume steht zwar wie alle anderen Blumen in einem Garten. Aber sie wächst nicht dort, wo die anderen wachsen. Sie wächst aus der Spalte zwischen zwei Gartenplatten. Am Anfang haben die Leute den Stengel immer wieder abgerissen, weil sie dort keine Blume haben wollten. Doch die Wurzel konnten sie nicht ausreissen, weil sie eben unter der Platte ist. So ist sie immer wieder zwischen den Platten hindurchgekommen, schliesslich haben sie die Sonnenblume halt dort wachsen lassen. Miriam und ich stehen lange schweigend vor ihrem Bild.
Plötzlich sagt sie: Alle finden sie doof, nur du und ich nicht ...

In den Schuhen des andern

In diesem Buch werden Sie nichts über das Interpretieren oder Deuten von Kinderzeichnungen erfahren. Obschon die nachfolgenden Geschichten dadurch eine weitere Dimension erhalten könnten, bitte ich auch darin geschulte Leserinnen und Leser, dies für einmal zu unterlassen.

Durch das Interpretieren laufen wir Gefahr, den Inhalt eines Bildes auf das Erklärbare zu reduzieren und es dort festzunageln. Wir müssten uns dazu in die Rolle eines aussen stehenden Betrachters begeben. Im Sinne der emotionalen Betroffenheit ist es jedoch wichtig, darauf zu verzichten.

Zudem unterteilt das Interpretieren die am Malprozess Beteiligten in «Wissende» und «Unwissende». Wer Symbole und Deutungen kennt, gehört zu den Wissenden. Wer das Bild «nur» betrachtet, selbst dann, wenn er oder sie es selbst gemalt hat, wäre ein Unwissender, eine Unwissende. Als Wissende wäre ich in einer übergeordneten Position, was der partnerschaftlichen Arbeit im Atelier vollkommen widersprechen würde.

Ich gehe jedoch davon aus, dass niemand mit einem Bild so tief verbunden ist wie die Person, die es gemalt hat. Nur sie kann wirklich eine Wissende sein. Als Begleiterin sehe ich mich vielmehr in der Rolle der Lernenden.

Jedes Bild beginnt mit dem Aufhängen eines leeren Blattes Papier. Dieses ist bereit, das kommende Bild uneingeschränkt entgegenzunehmen. Die unberührte Fläche erinnert mich jedes Mal an das Prinzip des eigenen «Leerseins» und damit verbunden die Wichtigkeit der eigenen Wertfreiheit. Das leere Blatt wird zum äusseren Sinnbild meiner inneren Haltung.

«Leersein» bedeutet nicht nichts. Es bedeutet die Offenheit, in der alles möglich ist, und beinhaltet die Überzeugung, dass Kommendes uneingeschränkt richtig ist. Es weckt Neugierde, Aufmerksamkeit und Wachheit.

Im Atelier lerne ich die Dinge aus der Optik des malenden Kindes kennen und versuche ein Bild aus seinem Blickwinkel zu sehen. Ich schlüpfe in seine Schuhe und lerne auf diese Weise seine Welt kennen.

Ein altes indianisches Sprichwort verdeutlicht diese Haltung auf wunderschöne Weise:

Grosser Geist, bewahre mich davor, über einen Menschen zu urteilen, ehe ich nicht eine Meile in seinen Mokassins gegangen bin.

Bilderseele – Seelenbilder

> Die menschliche Seele drückt sich immer in Bildern aus.
> Wenn wir bildern, geben wir der Seele ein Gefäss.
>
> Bettina Egger

Was heisst «bildern»?

Unter «bildern» verstehe ich das seelische Potenzial des Menschen, sich eigene Bilder erschaffen zu können. Sobald wir jemandem mitteilen, wie wir uns fühlen oder was in uns vorgeht, beschreiben wir ihm dazu ein Bild unserer Befindlichkeit, unseres Denkens oder Fühlens.

Die vertrauteste Form des Bilderns ist sicherlich die Fähigkeit zu träumen. Der Traum erschafft sich im Unterbewusstsein des Menschen eigene Bilder, die im Schlaf die Schwelle des Bewusstseins erreichen und den Träumenden durch ihre oft überraschende Erscheinung tief berühren können. Wie aufsteigende Luftblasen tritt verborgenes, vielleicht bereits vergessenes Wissen und als Erinnerung gespeicherte Lebenserfahrung an die Oberfläche. Das Unterbewusste bedient sich im Traum einer imaginären Bildsprache und gibt Auskunft über Befindlichkeit, anstehende Entwicklungsschritte oder unverarbeitete Erlebnisse. Selbst bei Menschen, die Träumen keine besondere Beachtung schenken und sich kaum an sie erinnern, ist der Traum ein unerlässlicher Vorgang seelischer Reinigung, Entspannung und Verarbeitung. Die Geschehnisse im Traum werden als reale Situationen erlebt, denn sie unterscheiden sich in ihrer emotionalen Kraft grundsätzlich nicht von realen Begebenheiten.

Gemalte, selbst erschaffene Bilder sind ebenfalls «gebildete» Bilder. Doch während das Traumbild im Schlaf entsteht und die träumende Person sich dabei vom Unterbewusstsein führen lässt, befindet sich der Mensch beim Malen im Wachzustand. Sein Denken, Entscheiden und Handeln spielen deshalb ebenso eine Rolle wie seine intuitiven und seelischen Kräfte. Er steht gleichzeitig in einer bewussten wie auch unbewussten Auseinandersetzung mit sich selbst.

Ein selbst erschaffenes gemaltes Bild hat somit die Funktion eines Botschafters und kann als sichtbar gewordene Kommunikation zwischen den beiden Teilen, den Bereichen des Bewussten und des Unterbewussten, angesehen werden. In dieser Eigenschaft erinnert es an die Figur des Hermes aus der griechischen Mythologie.

> Hermes, flinker, redegewandter Vermittler zwischen den Welten. Als furchtloser, einfallsreicher Denker gelingt es ihm, die urmenschlichen Lebensgesetze zu durchschauen. Mit List und Unerschrockenheit verschafft er sich selbst zur Unterwelt Zutritt, um etwa Demeters Tochter Persephone aus der Macht des Hades, des Gottes der Unterwelt, zu befreien. Er gilt als Helfer, Seelenführer und als Befreier des Kindes. Hermes benötigt die Fähigkeit des schnellen Erkennens ebenso wie die des unmittelbaren Handelns. Sein undiplomatisches und trickreiches Auftreten bringt die unausweichliche Konfrontation. Nicht zuletzt deshalb gelingt es ihm, seine Widersacher mit den eigenen Waffen zu schlagen.

Ein selbst erschaffenes Bild zeigt sich uns mit unerschrockener Ehrlichkeit. Durch die Konfrontation damit wird es zum persönlichen Sinnbild, inneren Begleiter, Helfer oder Heiler einer bestimmten Lebenssituation und kann vom Kind auf einen schwierigen Weg mitgenommen werden. Ein persönliches Sinnbild vermittelt selbst dann eine gewisse Stabilität, wenn in einem Entwicklungsprozess der sichere Boden noch fehlt, und ermöglicht dadurch an bestehende Blockaden oder Schwierigkeiten heranzutreten.

Oft geschieht auf der Ebene des Sinnbildlichen eine erste Kontaktaufnahme mit dem nächsten Entwicklungsschritt.

«Himmelblau»

Oliver (9) geht in die dritte Klasse. Sein Problem ist nicht die Schule, sondern der Weg dorthin. Die Lehrerin bemüht sich sehr, Olivers Schwierigkeit zu verstehen und mit ihm nach Lösungen zu suchen.

Aus unerklärlichen Gründen fürchtet er sich, allein von zu Hause wegzugehen. Oft hat er am Morgen vor dem Verlassen des Hauses regelrechte Angstzustände. Er selbst kann sich dies auch nicht erklären. Als die Situation wieder einmal unerträglich wird, mache ich ihm einen Vorschlag.

Ich: Wenn es eine Farbe gäbe, die im Moment, wo du das Haus verlässt, wie Medizin wirken könnte, welche wäre es?
Oliver: Himmelblau!

Ich bringe ihm einen ganzen Topf himmelblaue Farbe und fordere ihn auf, davon so viel «Medizin» zu nehmen, wie ihm gut tut. Daraufhin malt er ein ganzes Blatt himmelblau.
Ich: Was sehen wir jetzt auf deinem Bild?
Oliver: Luft, Himmel, ein schöner Tag!
Ich: Siehst du am Morgen den Himmel, wenn du zu Hause weggehst?
Oliver: Nein, ich glaube, ich schaue immer auf den Boden.
Ich: Versuche einmal den Himmel zu sehen, vielleicht ist das wirklich eine Medizin.

Natürlich wissen jetzt weder Oliver noch ich mehr über die Hintergründe seiner Ängste, doch im Moment ist es mir wichtig, ihm in dieser unerträglichen Situation eine Hilfestellung zu geben.
Eine Woche später:
Oliver: Die Medizin hat genützt, es geht mir schon viel besser. Ich schaue jetzt immer zuerst zum Himmel, manchmal ist er schön blau, manchmal grau, manchmal hat er Wolken.

Im weiteren Verlauf des Prozesses gelingt es uns, aufgrund eines immer wiederkehrenden Traumes die Ursachen und auch eine Lösung des Problems zu finden. Die Grundlage dazu hat jedoch dieses erste, wirkungsvolle Sinnbild geschaffen.

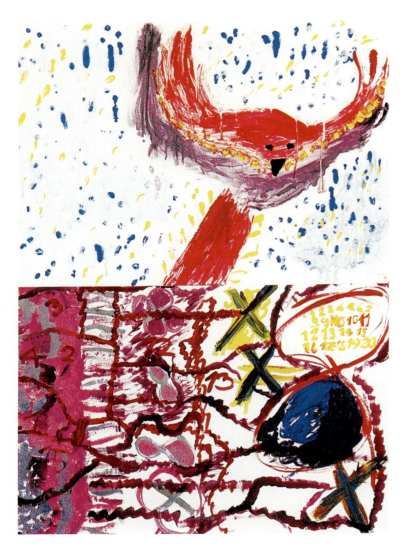

Der Blick des Adlers

Sina (8) und ich betrachten ein gemeinsam gemaltes Bild. Wir haben uns von den Spuren überraschen lassen, die zufällig entstanden sind.

Sina: Ich sehe, was es ist. Es ist ein Vogel. Er hat soeben einen Sturm überlebt. Schau, er ist noch ganz nass und zerzaust. Aber es hat ihm nichts gemacht, er ist ein starker Adler.

Danach malen Sina und ich noch ein zweites Bild. Dabei beginnt jede von uns an einem anderen Bildrand zu malen. In der Mitte wollen wir dann zusammenfinden. Wir malen aufeinander zu und erreichen ohne Gespräche oder weitere Abmachungen die Mitte des Bildes.

Sina: Es ist ein Labyrinth.

Sina holt Farbe und schreibt verschiedene Zahlen ins Labyrinth hinein.

Sina: In diesem Labyrinth sind alle Zahlen durcheinander geraten. Nur an einer Stelle ist Ordnung, dort, wo alle Zahlen schön in einer Reihe stehen.

Ich: Kennst du dieses Gefühl, wenn die Zahlen durcheinander geraten sind und man sie überall zusammensuchen muss?

Sina: Ja, beim Rechnen, dann ist es wie in einem solchen Labyrinth. Aber wenn man das Labyrinth von oben sieht wie jetzt gerade, ist es gar nicht so schwierig, man sieht ja dann alles.

Ich: Ja, gerade so wie ein Vogel.

Sina: Genau. Komm, wir hängen die beiden Bilder zusammen, das ist nämlich der «Zahlenlabyrinthadler».

Sinneserfahrung, Vorstellungskraft und Erinnerungsvermögen sind zweifellos Fähigkeiten, die der Mensch zum Bildern benötigt, und trotzdem ist eines gewiss: Selbst erschaffene Bilder sind mehr als die Summe gespeicherter Lebenserfahrung. Aus ihnen spricht so viel Weisheit, Ganzheit und Wahrheit, dass manchmal selbst die malende Person von der Deutlichkeit der eigenen Botschaften überrascht ist. Wir können annehmen, dass der Mensch, der in Verbindung steht mit seinen seelischen Kräften, die Gesetze seines Lebens und seiner Persönlichkeit von allem Anfang an kennt. Es handelt sich dabei nicht um ein intellektuelles Wissen, vielmehr muss es als ein leises, aber unüberhörbares Ahnen verstanden werden. Bildern enthält die Möglichkeit, sich mit verborgenem und gleichzeitig vertrautem Wissen auseinander zu setzen.

Einer malenden Person begleitend zur Seite zu stehen bedeutet somit nichts anderes als Beistand zu leisten, um bereits vorhandenem «Wissen» Ausdruck, Gehör und Bewusstsein zu verschaffen.

> Bevor wir auf die Welt kamen, hat ein Engel uns alle heiligen Geschichten erzählt und uns dabei unsere ganz bestimmte Lebensaufgabe erläutert.
> «Aber psst ...», sagte er dann und legte uns seinen Finger auf den Mund, was noch heute an der Eindellung unserer Oberlippe sichtbar ist.   Friedrich Weinreb

Kinder haben eine besondere Beziehung zu Engeln. In ihrem Erleben sind sie spürbar anwesend und als Führer oder Beschützer jederzeit verlässliche Ansprechpartner. Spricht durch die Kraft selbst erschaffener Bilder weiterhin der Engel mit uns? Sind ihre Aussagen Engelsbotschaften?

Roman (8): Schutzengel

Auch in Volksmärchen und Mythen sind dieselben Botschaften zu finden. Sie beschreiben archetypische Lebensgesetze, urmenschliche Bedürfnisse, Ängste und prüfende Herausforderungen an das eigene Leben. Bewusst oder unbewusst setzen sich Menschen im Märchen mit ihrem Wesen und ihrem Lebensweg auseinander. Volksmärchen wurden, ohne schriftlich festgehalten zu werden, über Jahrhunderte nur erzählend weitergegeben und sind in jeder Kultur als Volksgut wiederzufinden. In ihrer Lebensweisheit sind sie nichts anderes als eine Aneinanderreihung selbst erschaffener Bilder.

Kinder verfolgen ein Märchen mit grösster Aufmerksamkeit. Immer und immer wieder lassen sie sich dieselbe Geschichte erzählen. Sie «verstehen» meist selbst schwierige, ja brutale Handlungen auf ihrer metaphysischen Ebene. Sie erspüren intuitiv die tiefer liegende Ebene des Erzählten und scheinen zu wissen: Hier geht es um mich, hier geht es um das Leben!

Im Märchen wird meistens der Entwicklungsweg einer Person beschrieben. Oft handelt es sich dabei um ein Kind, das sich dadurch auszeichnet, dass es mit Sonne, Mond und Sternen, mit Tieren, Pflanzen, Zwergen, Elfen oder Feen in Verbindung steht. Es besitzt die Fähigkeit mit ihnen zu sprechen, vertraut sich ihnen an und befolgt deren Rat.

Das Mädchen, das mit den Vögeln und mit den Sternen reden kann

Mirjam (7): Dieses Mädchen hat die Vögel sehr gerne. Sie kommen jeden Tag zu ihm, und dann spielen sie miteinander. Es kann sogar mit ihnen reden. In der Nacht, wenn es im Bett liegt, öffnet sich das Hausdach. Es schaut zu den Sternen auf und spricht mit ihnen.

Wie im realen Leben geht es auch im Märchen darum, dass die Hauptperson verschiedenste Herausforderungen und Prüfungen zu meistern hat. Diese werden im Märchen bildhaft dargestellt: Es muss Stroh zu Gold versponnen werden. Dunkle Nächte müssen ausgestanden und unheimliche Wälder durchschritten werden. Geheimnisse müssen gewahrt und Mut erprobt werden. Gefahren müssen gemeistert und Kämpfe durchgestanden werden.

Auch im realen Leben scheinen manche Aufgaben im ersten Moment unlösbar. «Das kann ich nie!», ist unsere erste hilflose Reaktion. Doch indem wir den anstehenden Herausforderungen vertrauensvoll entgegentreten, uns der eigenen Fähigkeiten bewusst sind, Hilfe dankbar annehmen und intuitiven Kräften vertrauen, sind wir imstande, weit mehr zu bewältigen, als wir uns im Allgemeinen zutrauen.

Das sichere Schloss

Roman (8): Oben auf dem Berg ist ein sicheres Schloss. Wer dieses erreicht, hat Glück. Doch um dorthin zu gelangen, muss man zuerst den Weg durch einen dunklen Wald finden, dann einen See durchschwimmen, in dem es Krokodile gibt, und anschliessend eine gefährliche Felswand hochklettern. Erst wer oben ankommt, hat gewonnen.

Malen im Malatelier

Der Malraum, eine vorbereitete Umgebung

> Eine vorbereitete Umgebung ist ein durch klare Strukturen gestalteter Raum des Spiels, des Erlebens und des Lernens. Es ist ein Ort mit Aufforderungscharakter. Durch seine besondere Ausstattung wird das Kind zu eigenem Tun eingeladen. Die vorbereitete Umgebung weckt die Neugierde, sich mit den bereitgestellten Materialien und Werkzeugen auseinander zu setzen.
>
> Maria Montessori

Ein Malatelier erfüllt Maria Montessoris Kriterien einer vorbereiteten Umgebung; als eigens für das Malen gestalteter Raum hat es eine klare und unmissverständliche Struktur. Alles, was das Kind darin vorfindet, weist bereits auf die Tätigkeit des Malens hin – es ist offensichtlich, wozu der Raum benützt wird und was in ihm geschehen kann.

Das Atelier ist ein mit Sperrholzwänden ausgekleideter, meist fensterloser Raum. Gemalt wird auf grossformatigem Papier, das an den Wänden befestigt wird. In der Mitte des Raumes befindet sich ein Maltisch mit allem, was zum Malen benötigt wird. Sonst ist der Raum leer, es gibt darin weder Spielzeug noch Bücher oder Möglichkeiten einer anderen Tätigkeit. Der Raum soll einzig zum Malen anregen, ohne auf die darin entstehenden Bilder Einfluss zu nehmen.

Als Begleiterin gebe ich dem Raum eine Ordnung, die für die darin stattfindende Tätigkeit geschaffen ist, sorge für eine entspannte Atmosphäre, stelle entsprechende Spielregeln auf und bin während des Malens dafür besorgt, dass diese auch eingehalten werden. Ebenso wie ich das Kind in seinem Tun unterstütze, begleite ich auch das entstehende Bild.

In einer vorbereiteten Umgebung sind die Verantwortlichkeiten aufgeteilt: Auf der beschriebenen formalen Ebene trage ich als Begleiterin die Verantwortung. Ich führe das Kind durch eine Malstunde, indem ich seiner schöpferischen Tätigkeit optimale Bedingungen schaffe. Die inhaltliche Ebene verantwortet das Kind selbst. Die Aussage seiner Bilder und deren Geschichten, die Erfahrungen mit Farbe und Pinsel bilden den Inhalt einer Malstunde. Als Begleiterin folge ich den inhaltlichen Impulsen, die mir vom Kind und seinem Bild gegeben werden.

Ein Malatelier erfüllt für viele Kinder die Funktion einer wöchentlich aufgesuchten «Tankstelle». Intuitiv spüren sie, dass es sich hier um einen Ort handelt, wo sie sich selbst begegnen können. Ein Ort, wo sie gesehen, gehört und unterstützt werden, wo sie sich immer wieder neu Orientierung, Unterstützung und Verständnis holen können – Nahrung für ihren Alltag.

Ein Teller Spaghetti

Miriam (8) mischt mit viel Weiss und wenig Gelb sorgfältig ein ganz bestimmtes helles Gelb. Sie scheint genau zu wissen, was sie malen will, und beginnt die Farbe in kreisenden Bewegungen auf das Papier zu streichen. Mit den Fingernägeln verstärkt sie die Struktur ihrer Bewegungen. Miriam strahlt.
Miriam: Das sind alles Spaghetti.
Ich: Da hat ja jemand einen Riesenhunger!
Miriam: Ja, und diese Spaghetti werde ich alle mit nach Hause nehmen ...

Jetzt male ich noch die Servietten, denn wer so viele Spaghetti mit den Händen isst, braucht mindestens drei Servietten.
Sie holt Pink, ihre Lieblingsfarbe, und malt drei Servietten. Diese werden anschliessend mit allen verfügbaren Farben verziert. Miriam achtet darauf, dass keine der Farben fehlt.
Miriam: Es müssen alle Farben auf diesem Bild sein, ich will alle mit nach Hause nehmen – als Erinnerung.
Die Malstunde ist zu Ende. Glücklich und zufrieden wäscht sie ihre Hände. Es war ihre letzte bei mir vereinbarte Malstunde.

Jedes Kind malt in einer individuellen Kombination von Einzel- und Gruppenstunden. Während die Einzelsituation eine intensivere Begleitung des Malprozesses, eine Verfestigung und Wertschätzung der Beziehung ermöglicht, steht in der Gruppe das Tragen und Getragenwerden im Vordergrund. In einer Malgruppe malen vier bis acht Kinder im Alter zwischen fünf und fünfzehn Jahren. Da sie sich meistens nur aus dem Atelier kennen, sind ihre Beziehungen durch die gemeinsame Tätigkeit geprägt.

Obschon es sich beim Malen um eine individuelle Tätigkeit handelt, erfüllt die Gruppe eine wichtige Funktion. Denn das Malen im Atelier beinhaltet auch mehrere soziale Komponenten:
- Durch eigenes Tun von anderen wahrgenommen werden.
- Andere Bilder und andere Möglichkeiten des Malens akzeptieren lernen.
- Das Eigene vom Anderen unterscheiden können.
- Sich durch andere tragen lassen und sich selbst als tragend erleben.

In die einfache Gruppenstruktur eines Malateliers können sich manchmal auch Kinder einfügen, die von der Dynamik einer gemeinsamen Aktivität überfordert wären. Manche Kinder machen hier ihre ersten positiven Gruppenerfahrungen.

Sich selbst ins Spiel bringen
Andreas (7) malt erst seit kurzer Zeit im Atelier. Er ist noch unsicher und sucht seinen Platz in der Gruppe. Während des Malens orientiert er sich an den Bildern der anderen und sucht gleichzeitig deren Beachtung. Seine eigenen Bilder sind ihm oft zu wenig gut. Oft höre ich ihn sagen:
Andreas: Dieses Bild gefällt mir überhaupt nicht, eigentlich könnte ich es viel besser.

Heute malt Andreas zum erstenmal mit den Händen. Er weiss, dass dabei kein konkretes Bild entstehen muss. Es kann also nicht viel schief gehen, sein Bild muss nicht unbedingt «gut» werden.
Andreas: Es ist ein Fussball, hinter dem Ball sieht man noch den Torhüter. Der Ball fliegt direkt auf das Tor zu. Da hat der Torhüter keine Chance, der Ball geht rein ... Tor!
Ich: Wenn man so vor dem Bild steht wie du jetzt, wer ist dann der Spieler, der das Tor schiesst?
Andreas: Ich! – Ich bin ja der Spieler, der das Tor schiesst!
Andreas ist stolz auf den gelungenen Volltreffer. Mit diesem Bild hat er sich wortwörtlich selbst ins Spiel der Gruppe gebracht. Von diesem Moment an gehört er dazu und traut sich ohne Erklärungen einfach seine Bilder zu malen.

Ich achte darauf, dass eine Malgruppe möglichst altersgemischt ist. Gerade weil das Kind dabei viel mehr auf sich selbst gestellt ist, ist es herausgefordert, seinen eigenen Impulsen zu folgen.

Orientiert sich ein jüngeres Kind am Bild oder an der Tätigkeit eines älteren, bietet das ältere seine Unterstützung meist bereitwillig an. Für beide ist es nachvollziehbar, dass das Ältere gewisse Sachen schon besser kann als das Jüngere. Oft sind es aber gerade die älteren Kinder, die sich vom unbefangenen Tun oder von einem farbenprächtigen Bild eines jüngeren verführen lassen. Sie lösen sich so leichter vom oft schematisch wirkenden, angelernten Zeichnen und finden zum Malen zurück.

Stefanie: Blumenwiese

Die Gruppenzusammensetzung hat auch bei Stefanie viel zu ihrem Malprozess beigetragen.

Zum Malen zurückfinden

Stefanie (11) hat grosse Freude am Zeichnen. Um dieses Interesse zu vertiefen, malt sie im Atelier. Im Laufe der Zeit tritt das bis anhin gewohnte Zeichnen in den Hintergrund. Nicht immer gelingt dies ohne Widerstände. Oft kämpft sie sich durch mehrere Farbschichten, bis sich das Gemalte zu einem Bild ordnen lässt. Durch Mitgehen mit Farben, Formen und Bewegungen und nicht zuletzt durch die Anregung der jüngeren Kinder entstehen ungeahnte und überraschende Bilder. Sie lernt, sich dem Bild zu überlassen, statt wie gewohnt «etwas zeichnen zu wollen».

Stefanie: Bäume mit reifen Früchten

Kaninchenfell und Hühnerfedern

Fabienne (11) malt einen kleinen braunen Osterhasen. Doch was sie auch macht, sie ist nicht zufrieden mit ihm. Enttäuscht holt sie einen dicken Pinsel weisser Farbe und will den Hasen so schnell wie möglich übermalen. Doch welche Überraschung! Durch das Übermalen entsteht ein grosser weisser Hase mit weichem, feinem Fell. Fabienne ist sehr berührt und erfreut darüber.

Fabienne: Er sieht nicht nur aus wie ein richtiger Hase, er fühlt sich auch beim Malen so an! Es ist, wie wenn ich sein Fell streicheln würde.

Dimitra (7): Das will ich auch versuchen!

Sie holt einen Pinsel brauner Farbe und verstreicht diese auf dem noch leeren Blatt Papier. Danach übermalt sie, wie es zuvor Fabienne tat, mit einem Pinsel weisser Farbe die braunen Spuren. Dabei entsteht eine eigenwillige Form.

Dimitra: Ich weiss nicht, irgendwie sieht er nicht aus wie ein Hase.

Ich: Wie sieht er denn aus?

Dimitra: Warte, wir werden es gleich sehen.

Dimitra scheint in der weissen Form etwas entdeckt zu haben. Zielstrebig holt sie sich die nötigen Farben und malt ihr Bild fertig.

Dimitra: Also, es ist kein Hase, dafür ein fliegendes Huhn.

Fabienne, Dimitra und ich stehen lachend vor den beiden Bildern, die trotz ihrer anfänglichen Gemeinsamkeit so verschieden geworden sind.

Kinder in die Stille führen

Im Atelier ist es während einer Malstunde die meiste Zeit still. Jede vertiefte schöpferische Arbeit bringt eine aktive Ruhe mit sich. Konzentriert sich das Kind auf sein Bild und die damit verbundene Tätigkeit, entsteht die zum Malen benötigte Stille ganz von selbst.

Die Stille des Tuns, die aktive Ruhe gibt dem Bild die Möglichkeit, sich zu zeigen. Hier liegt der Schlüssel, der uns eintreten und an der Lebendigkeit eines Bildes teilhaben lässt.

Die Stille bringt Sorgfalt und Achtsamkeit mit sich. Achtsamkeit im Umgang mit dem Bild, mit Farben und Werkzeugen, aber auch im Umgang mit anderen und nicht zuletzt mit sich selbst.

> Durch Stille entsteht Nähe.
> Nähe ermöglicht Kontakt.
> Kontakt schafft Beziehung.

Kinder, die Mühe haben, Stille zuzulassen, fürchten sich oft vor der Nähe einer Beziehung. Diese Schwierigkeit kann die Furcht beinhalten, sich selbst nahe zu sein, sich anderen nahe zu zeigen oder zuzulassen, dass andere nahe kommen. Manche Kinder müssen lernen, Stille und Nähe auszuhalten, sei es die eigene oder die der andern.

> Damit dein Bild zu dir reden kann, ist es darauf angewiesen, dass du ihm während des Malens zuhörst. Dies ist nur möglich, wenn du still wirst, denn dein Bild spricht ganz leise zu dir. Hörst du, was es dir sagen will?

Das Bild streicheln

Pavlos (7) verbringt seine Malstunden meist nicht nur malend, sondern auch singend, tanzend und trommelnd. Dies gehört für mich zu seiner impulsiven und fröhlichen Persönlichkeit. Doch allmählich erhält die Situation etwas Unbefriedigendes. Ich fühle mich allein, und sein Verhalten wirkt wie eine Flucht vor möglicher Nähe. Mehr meine Unzufriedenheit als eine wirklich pädagogische Überlegung führt zu folgender Äusserung:

Ich: Pavlos, für heute ist jetzt einfach einmal fertig mit Trommeln und Singen. Ich möchte, dass du nur gerade dein Bild zu Ende malst.

Pavlos bleibt stehen, schaut mich erstaunt an und sagt ganz leise: Gut, dann dürfen wir jetzt nur noch flüstern!

Danach steht er lange betrachtend vor seinem Bild, holt einen Pinsel gelber Farbe und beginnt damit sehr feine Linien zu malen.

Pavlos flüsternd: Das ist das helle Licht, die feinen, feinen Sonnenstrahlen, die alles bedecken und alles streicheln.

Pavlos wirkt fein und weich. Er legt seinen Arm um meine Schulter. Ganz still betrachten wir gemeinsam das streichelnde Licht der Sonnenstrahlen.

Anschliessend äussert Pavlos den Wunsch, mit mir gemeinsam ein Bild zu malen. Es entsteht ein weiches, buntes Osternest in einem wunderbaren Garten.
Dies war der Anfang eines stillen und tiefen Kontakts zum eigenen Tun wie auch zu mir als Bezugsperson.

Die erste Zeit im Atelier braucht das Kind, um Vertrauen in die sich bietenden Beziehungen aufzubauen. Dies ist nur möglich, wenn die Stille einen Kontakt oder eine Berührung überhaupt zulässt.

Das Konzert kann beginnen
Jasmin (6) malt noch nicht lange in meinem Atelier. Sie kommt gerne hierher, und ich spüre, dass sie meine Nähe sucht. Doch wenn ich Kontakt zu ihr aufnehme, ist es mir trotzdem nie ganz wohl, und ich bin unsicher, wo sie sich mit ihren Gedanken befindet. Ihre ersten Bilder wirken auf mich suchend und angestrengt.

In der heutigen Stunde malt sie über längere Zeit und mit grosser Konzentration an einer schwarzen Form.
Jasmin: Das gibt ein Klavier, einen Konzertflügel.
Ich: Hast du eine Ahnung, wo sich dieser befindet?
Jasmin: Ja, auf einer Bühne natürlich. Ich male sie noch. Der Vorhang öffnet sich gerade jetzt. Danach kann das Konzert beginnen.
Jasmin strahlt und nimmt zum erstenmal klaren Blickkontakt mit mir auf.

Die Lebendigkeit des Bildes

«Wenn man über den Bildrand in das Bild hineinsteigen könnte, wie wäre es dort?»

Diese Frage kennt jedes Kind, das einmal bei mir gemalt hat. Die Vorstellung, über den Bildrand zu steigen, verstärkt die Lebendigkeit des Malens wie auch des Bildes selbst. Das Kind taucht in die Welt ein, die auf seinem Bild sichtbar wird, und macht sich diese zur unmittelbaren Realität. Mit Leichtigkeit stellt es Gespräche oder Dialoge her und kann sich mit Menschen, Tieren, sogar mit Gegenständen identifizieren. Alles, was sich bewegt oder Töne von sich gibt, was sich anfassen und anschauen lässt, was form- und veränderbar ist, was duftet oder schmeckt, ist für das Kind lebendig und hat aus seiner Sicht die Fähigkeit zu denken und zu fühlen. Dieser sinnliche Kontakt macht es ihm möglich, den Dingen Leben einzuhauchen und ihnen durch Geräusche, Bewegungen, aufleuchtendes Licht, Geruch oder Geschmack eine eigene Sprache, eine Seele zu geben.

Ein Bild wird nicht nur gesehen, sondern ebenso gehört, geschmeckt, gerochen oder ertastet. Malen umfasst somit alle Sinnestätigkeiten, die dem Kind zugänglich sind.

Wirbelwind

Yvonne (7) malt mit verschiedenen Grüntönen ein grosses Blatt. Danach holt sie sich verschiedene Blautöne.

Yvonne: Das Blatt wirbelt im Wind, jedes Blau ist ein anderer Wind.

Yvonne «umwirbelt» das grüne Blatt, ihr ganzer Körper macht mit. Dazu macht sie die Geräusche der verschiedenen Wirbelwinde und füllt so den Raum ihres Bildes.

Königskuchen backen
Es ist der 6. Januar, der Tag der Heiligen Drei Könige. – Wer wurde König? Wer hat das richtige Kuchenstück erwischt?
Yvonne «knetet» mit beiden Händen braune runde Teigkugeln auf ihrem Bild. Plötzlich unterbricht sie ihr Tun, schleicht leise, fast unbemerkt zum Maltisch, nimmt sich einen Pinsel weisser Farbe, geht zurück zu ihrem Bild und malt in eine der Kugeln die kleine weisse Königsfigur. Schnell legt sie den Pinsel weg und «knetet» die Kugel wieder zu.
Yvonne dreht sich um und fragt die anderen: In welchem Kuchenstück ist der König versteckt?

Als Begleiterin des Malprozesses darf auch ich nicht am Bildrand stehen bleiben, sondern bin aufgefordert, zusammen mit dem Kind den Schritt ins Bild hinein zu tun. Sind wir einmal «im Bild drin», stellt sich dem Kind nicht mehr die Frage, «was will ich malen?», sondern die auftauchenden Fragen sind an das Bild selbst gerichtet.

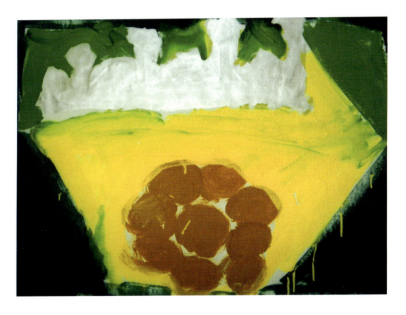

Was willst du von mir?
Dimitra (8) malt ein Pferd. Sie weiss sehr genau, wie es aussehen soll.
Dimitra: Jetzt noch das Zaumzeug, und das Pferd ist fertig! Alles ist noch so leer, das Pferd will noch mehr von mir.
Ich: Weisst du, wo das Pferd sich befindet?
Dimitra: Ja, im Stall, ich male jetzt noch die Holzwand mit der Türe und ein Fenster, durch das das Pferd hinausschauen kann.
Danach stellt Dimitra fest, dass es auf ihrem Bild Nacht ist und das Pferd durch das Fenster den Mond und die Sterne sehen kann.

Dimitra: Irgendetwas fehlt dir noch, liebes Pferd ...
Ah ja, Stroh natürlich.
Dimitra: So, jetzt hast du es schön warm und kannst gut schlafen. Aber was willst du denn jetzt noch?
Ich: Was könnte ihm noch fehlen?
Dimitra: Jetzt weiss ich es, es will etwas zu essen.
Mit viel Aufmerksamkeit malt sie eine schwarze Kiste mit Früchten und Gemüse.
Dann stellt sie sich erneut vor das Bild.

Dimitra: Ich weiss nicht warum, aber irgendetwas ist nicht gut, irgendetwas fehlt.
Ich: Vielleicht kann dir das Pferd selbst sagen, was ihm noch fehlt.
Dimitra steht lange da und fixiert mit ihrem Blick das Pferd.
Dimitra: Jetzt habe ich dir so viele Sachen gemalt, was willst du denn noch von mir?
Sie steht weiter vor ihrem Bild und wartet auf Antwort.
Dimitra: Jetzt! Es hat mir gesagt, es möchte halt so gern ein Fohlen!

Schauen, was es gibt
Beat (5) sitzt am Küchentisch und malt. Da kommt seine Mutter und fragt: «Was zeichnest du Schönes?»
Beat antwortet: «Das weiss ich doch noch nicht, ich muss zuerst schauen, was es gibt!»

Auf die oben gestellte Frage erhält man vom Kind meist eine abweisende oder unzureichende Antwort. Die Lebendigkeit des Bildes erfordert von Begleitpersonen ein genaueres Hinsehen, als es in dieser Frage enthalten ist. Zudem kommt sie für das Kind oft im falschen Moment, ist eine Störung seiner Tätigkeit oder gar eine Beleidigung, weil es daraus schliessen muss, dass seine Zeichen nicht erkannt werden.

Andererseits ist seine Antwort auch ein Bekenntnis dazu, dass es sich auf das einlässt, was ihm vom Bild entgegenkommt. Dabei geht es um die Fähigkeit, sich den Spuren anzuvertrauen, die sich im Verlauf der Tätigkeit als richtig erweisen. Zufälliges, Ungewolltes wie auch Fehler führen das Kind zu neuen, ungeahnten und überraschenden Erfahrungen.

Das Bild im leeren Blatt
«Wie bringen Sie es fertig, eine Figur ihren Vorstellungen entsprechend in diesen Steinblock zu meisseln?»
Auguste Rodin: «Die Figur war schon immer da. Das Problem ist nicht meine Vorstellung, die Frage ist, ob ich die Figur erkennen kann oder nicht.»
Als ich Dimitra (11) diese Geschichte erzählte, gab sie mir zur Antwort: «Du meinst also, das Bild ist bereits im leeren Blatt drin? Wenn ich das weiss, entdecke ich das Bild während des Malens. Wenn ich es nicht weiss, habe ich das Bild schon vorher in meinem Kopf. Dann kann ich es aber nicht mehr entdecken, weil ich ja dann glaube, ich hätte es bereits gefunden.»

Die Welt neu erfinden
Michael malt zusammen mit Anina in einer Zweiergruppe. Dabei entsteht folgende Geschichte:
Michael: Anina, du und ich werden von einem leeren Blatt aufgesogen und finden einen Zauberpinsel. Damit erfinden wir die Welt neu. Alles, was wir erfinden, ist lebendig und bekommt ein Gesicht.

Natürlich haben wir beim Malen auch eine Vorstellung, eine Idee, wie ein Bild werden soll, doch wenn wir darauf fixiert sind, blockieren wir seinen Entstehungsprozess. Malen ist immer ein Dialog zwischen Bild und malender Person und darf von keiner Seite einem Diktat unterworfen werden.

Vorschulkinder sind in dieser Beziehung meist viel freier als ältere Kinder. Oft ist es für sie ein lustvolles Spiel, das beabsichtigte Bild in ein anderes umzuwandeln und es neu zu sehen. Intuitiv erkennen sie das Wesentliche einer Sache. Sie erfassen sie nicht in allen Einzelheiten, doch das Wesentliche verfolgen sie mit grosser Aufmerksamkeit.

«D» wie Dominik oder wie Delfin oder wie Düsenflugzeug

Dominik (6) beginnt mit einer selbst gemischten silbergrauen Farbe ruhig und konzentriert zu malen.

Dominik: Ich will einen schönen Delfin malen mit einer glänzenden Haut.

Bedächtig streicht er die silberne Farbe auf das Papier und holt dann einen Pinsel blauer Farbe, um dem Delfin ein Gesicht zu malen. Plötzlich steht er still vor seinem Bild und betrachtet es konzentriert.

Dominik: Nein, es ist ja etwas anderes, es ist ein Düsenflugzeug! Danach holt er entschlossen goldene Farbe und malt sein Bild fertig. Fröhlich sagt er zu seinem Bild: «D» wie Dominik oder wie Delfin oder wie Düsenflugzeug.

> **Das Kind betrachtet eine Sache nicht von aussen, sondern besitzt die Fähigkeit, das Innere in eine äussere Form zu kleiden, in der dieses gebliebene Innere am stärksten zum Ausdruck kommt.**
> Wassily Kandinsky

Viele Kunstschaffende sind und waren sehr beeindruckt von der kindlichen Ausdrucksfähigkeit und bemühen sich, diese ursprüngliche Kraft in ihrer eigenen Tätigkeit zu pflegen und zu erhalten. Auch im Atelier von Pablo Picasso hatten Kinder jederzeit Zutritt. Er beobachtete ihr Tun mit grösster Aufmerksamkeit und wusste, dass er immer etwas lernen konnte. Mit grossem Respekt sprach er vom «Genie der Kindheit». An einer Ausstellung für Kinderkunst soll er einmal gesagt haben:

> **Es hat viele Jahre gedauert, bis ich so malen konnte wie diese Kinder!**
> Pablo Picasso

Malende Kinder haben ihrerseits ebenfalls ein grosses Interesse an den Werken erwachsener Künstler. Sie betrachten gerne Kunstkataloge oder erzählen mir fasziniert von einem Museumsbesuch. Manchmal versuche ich mit den Kindern einem Werk auf die Spur zu kommen, wir experimentieren mit verschiedenen Maltechniken, ergründen eine Vorgehensweise oder vergleichen die im Atelier entstandenen Bilder mit denen eines Künstlers oder einer Künstlerin.

Moriz – Hundertwasser

Mit Moriz (11) blättere ich in einem Hundertwasser-Kunstkalender. Er fühlt sich durch diese Bilder immer wieder angesprochen.
Ich: Was ist für dich das Besondere an den Bildern von Hundertwasser? Gibt es Gemeinsamkeiten mit deinen eigenen Bildern?
Moriz: Es gibt bei mir einige Bilder, die einfach Farbenbilder sind. Sie sind ein wenig so wie die Bilder von Hundertwasser. Wenn ich sie jetzt anschaue, sehen sie aus, als wären sie erst angefangen. Ich muss sie nur noch weitermalen, sie sind einfach noch nicht fertig. Das ist eigentlich alles!
Moriz: Ein Farbenbild wird ein «Moriz – Hundertwasser».

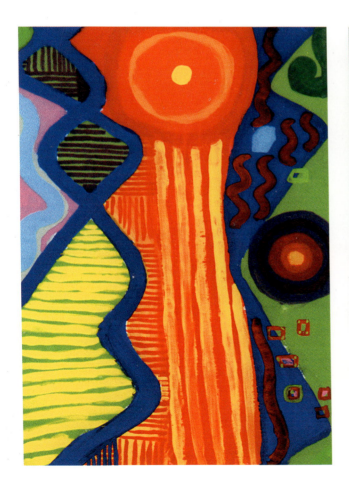

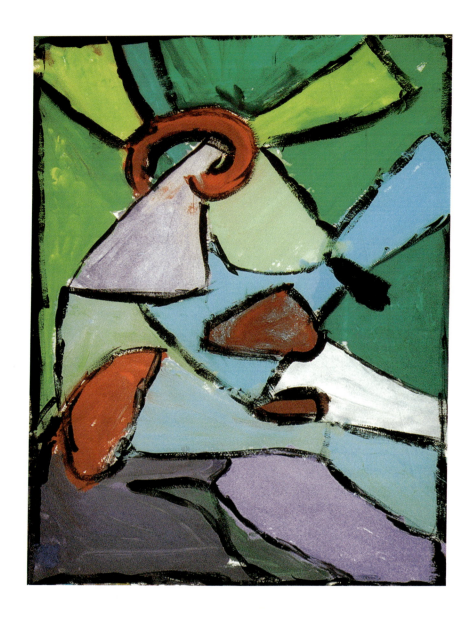

Wenn sich ein Kind von den Bildern eines Künstlers oder einer Künstlerin inspirieren lässt, ist es wichtig, dass diese nicht einfach kopiert werden. Künstlerische Bilder zu betrachten, um diese dann in den eigenen Malprozess zu integrieren, ist nur dann sinnvoll, wenn dadurch die Experimentierfreudigkeit und Neugierde auf das eigene Tun geweckt werden. Die Bilder sollen den Horizont der eigenen Möglichkeiten nicht einschränken, sondern erweitern.

Kunst ist, wenn man es selbst erfindet
Sabrina (9) mischt ganz bestimmte Pastellfarben und beginnt sehr vorsichtig und verhalten zu malen. Sie zögert, und der Malprozess gerät allmählich ins Stocken.
Sabrina: Ich weiss nicht, aber es wird nicht so, wie ich es gerne haben möchte.
Ich: Wie möchtest du es denn haben?
Sabrina: Weisst du, ich habe das Bild eines Künstlers gesehen, und das möchte ich malen!
Ich: Ist dein Bild denn jetzt so wie das des Künstlers?
Sabrina: Nein, meines ist irgendwie langweilig.
Ich: Was würdest du tun, wenn du nicht auf den Künstler Rücksicht nehmen müsstest?
Sabrina: Dann würde ich noch andere Farben nehmen: Violett, Türkis, Silber.
Sabrina schaut mich verschmitzt an: Soll ich es tun?
Wortlos nicke ich ihr zu. Jetzt beginnt eine intensive Arbeit. Sabrina «taucht» in ihr Bild ein. Sie strahlt.
Sabrina: So, es ist fertig, und jetzt ist es gut!
Ich: Sabrina, ich glaube, Kunst ist, wenn man es selbst erfindet.
Sie steht lange vor ihrem Bild, hat mir gut zugehört, denkt nach, schaut mich etwas erstaunt an. Danach schweift ihr Blick zu ihrem Bild, und sie strahlt wieder! Sabrina ist sichtlich stolz, nicht nur auf ihr Werk, sondern auch auf sich selbst.

Obschon die Kinder bei mir keine eigentlichen künstlerischen Techniken erlernen und eine künstlerische Betrachtungs- oder Bewertungsweise nicht von Bedeutung ist, wird trotzdem eine wichtige Basis des persönlichen Ausdrucks geschaffen.

Das Kind lernt seinen eigenen Impulsen zu vertrauen. Es lernt, sich auf einen Prozess einzulassen. Es lernt, die Auseinandersetzung und den Dialog zwischen sich selbst und seinem Bild aufzubauen. Es lernt seine einzigartige Ausdruckskraft kennen und diese anzunehmen. Es übt sich darin, sich einer Tätigkeit hinzugeben. Und es lernt der Kraft seines Bildes zu vertrauen.

Ich möchte einmal Künstlerin werden

Seraina (10) möchte einmal Künstlerin werden. Entsprechend hoch sind ihre Ansprüche und damit verbunden leider auch die Enttäuschungen, denn jedes Bild sollte bereits heute ein Kunstwerk werden. Ihr Malen ist dadurch oft angespannt und verkrampft. Eigentlich wünsche ich ihr Erfolg, doch gerade dadurch gerate ich in denselben Druck und beginne zu befürchten, dass eines ihrer Werke durch meine Intervention misslingen könnte. Ihr Unbehagen hat sich auf mich übertragen.

Ich: Sereina, weisst du was, ich glaube, auch für eine Künstlerin sind Kunstwerke oft unerwartete Geschenke. Sicher braucht es viel Arbeit und Geduld, wenn man Künstlerin werden möchte. Trotzdem rate ich dir Folgendes: Versuche mehr, mit deinem Bild zu spielen! Ich glaube nämlich, wenn es dir wohl ist mit deinem Bild, ist es auch deinem Bild wohl mit dir.

Allmählich lernt Seraina loszulassen, gleichzeitig wird ihr Malen lebendiger und intensiver. Ihre Bilder erhalten, wie es sich für Kunstwerke gehört, immer auch einen Namen: Seraina: Kohlensäure im Coca-Cola, Wunderbare Höhle

Hilf mir, es selbst zu tun

Der innere Plan

In einem Samenkorn ist alles Wissen des zukünftigen Baumes gespeichert. Es ist das Wissen des Baumes, dem das Samenkorn selbst entsprang und dessen Wachstum vor langer Zeit ebenfalls mit einem Samenkorn begann. Leben ist immer eine Verkettung von Lebendigkeit. Alles, was der Baum für sein Wachstum jemals brauchen wird, ist im Samenkorn enthalten. Dieses kann jahrelang ruhen und sich so selbst bewahren, bis die Umgebung sein Wachstum zulässt.

Auch dem Menschen stehen von Anfang an alle Fähigkeiten zur Verfügung, die ihm zur Schöpfung seines eigenen Lebens dienlich sind. Sie verhelfen ihm nicht zu irgendeinem Leben, sondern zu seinem ganz eigenen – er wird, was er schon immer war! Was er dazu benötigt, ist eine Umgebung, die seine Entwicklung ermöglicht und ihm erlaubt, seiner Ursprünglichkeit treu zu bleiben. Genau darin sehe ich den Ansatz jeder pädagogischen Aufgabe.

Der innere Plan

Carol (9): Die jungen Meeresschildkröten sind aus dem Ei geschlüpft und wollen so schnell wie möglich ins Wasser. Sie kennen den Weg, auch wenn niemand ihnen diesen gezeigt hat. Es wird ihnen auch niemand den Weg zeigen, die Schildkröten wissen es einfach.

«Dario»

Auch in Darios (6) Geschichte geht es um einen Plan. Man findet darauf nicht nur die Wege eines fremden Landes, sondern auch seinen eigenen Namen. Dario (6) ist südamerikanischer Herkunft und als Adoptivkind in die Schweiz gekommen.

Die Figur auf dem ersten Bild ist zweigeteilt. Ihre linke Hälfte ist schwarz, ihre rechte Seite gelb bemalt.

Dario: Sie sagt: «Wer bin ich? Ich habe keinen Namen!»

Auf dem zweiten Bild ist ein alter Plan zu sehen. Soldaten, die in einem fremden Land nach einem Weg suchen, haben diesen Plan gefunden. Darauf steht eine Geheimnummer: 529.

Das dritte Bild malt Dario mit den Händen. Er verstreicht zuerst viel gelbe Farbe auf dem Papier. Danach bemalt er seine Hände grün und drückt sie auf das gelbe Bild.

Dario: Zum Zeichen der Freundschaft mit den Menschen, die sie im neuen Land gefunden haben, drücken alle ihre Hände in den Sandboden.

Das vierte Bild:

Dario: Das ist der neue Plan. Die Menschen im fremden Land haben ihnen diesen gegeben. Es sind alle Wege eingezeichnet.

Auf dem letzten Bild dieser Geschichte malt Dario nochmals den neuen Plan. Man sieht darauf nicht nur die Wege des fremden Landes, sondern auch einen Namen: «Dario».

Verlieren wir die Verbindung zu unserem inneren Plan, so hilft er uns nicht mehr zur Orientierung; wir benötigen äussere Hilfen. In einer solchen Situation orientieren wir uns zwangsläufig an Gesetzen, die uns von aussen gegeben werden. Im Lauf der Zeit vergessen wir, dass es sich dabei ursprünglich um Hilfen, um einen Notbehelf gehandelt hat, und setzen sie an die Stelle des inneren Plans.

«Etwas ganz von innen heraus tun müssen» ist eine Tätigkeit, die dem inneren Plan entspricht. Es ist nicht nur eine erfüllende und beglückende Erfahrung, sondern steht auch in Verbindung mit allem, was lebt.

Eine Pädagogik vor diesem Hintergrund hat nichts mit Er-ziehung, umso mehr aber mit Ent-faltung zu tun.

> Jedes Lebewesen, ob Pflanze, Tier oder Mensch, hat seinen eigenen Entwicklungsplan, der durch niemanden gemacht oder verändert werden kann. Wenn die Umgebung eine Veränderung zulässt, geschieht sie ganz von selbst. Als Pädagogen ist es unsere Aufgabe, Bedingungen zu schaffen, welche Entwicklung möglich machen.
> Rebeca Wild

Entfalten kann sich nur, was Raum erhält. Es ist jedoch unerlässlich, zuvor den persönlichen Entwicklungsplan eines Kindes kennen zu lernen, denn jedes hat seine eigenen Kraftquellen, Ressourcen und besonderen Fähigkeiten, seine persönliche «Schatzkiste». Der Suche nach dem eigenen Schatz messe ich grosse Bedeutung zu. Schliesslich ist es auch für das Kind selbst entscheidend, sich seiner Ressourcen bewusst zu werden.

Schatzkiste gefunden!
Dominik (6): Ein Seeräuber springt ins Wasser. Er will im Meer
nach einem verborgenen Schatz suchen.
Da, plötzlich ruft er: «Schatzkiste gefunden!»

Dominic (5): Eine Giraffenmutter und ihr Kind

Der Weg aus kindlicher Abhängigkeit

Ein Kind ist noch nicht in der Lage, die Verantwortung für sein Wohlergehen eigenständig zu übernehmen, und hat deshalb ein natürliches Recht auf Abhängigkeit. Es benötigt die zuverlässige Anwesenheit Erwachsener, um genügend geschützt, genährt und getragen zu werden. Das Kind kann seiner Abhängigkeit nicht entfliehen. Deshalb zeichnet deren Wahrung und Achtung jede Kindheit aus. Für alle Erwachsenen, die mit Kindern zusammen sind, ist es unerlässlich, sich dessen bewusst zu werden, denn kindliche Abhängigkeit kann missachtet wie auch missbraucht werden. Das Kind steht beidem schutzlos gegenüber. Jede Missachtung und jeder Missbrauch, auf körperlicher, geistiger oder seelischer Ebene, ist demzufolge immer auch eine Missachtung beziehungsweise ein Missbrauch seiner Abhängigkeit. Es wird von den Erwachsenen verlassen, während es ihnen in seiner Abhängigkeit gleichzeitig ausgeliefert ist. Dadurch wird die Basis seiner Persönlichkeitsentwicklung wie auch seiner Beziehungsfähigkeit verletzt.

Nur das Bewusstsein und das wohlwollende Einverständnis mit der unverrückbaren Tatsache der Abhängigkeit schafft den nötigen Respekt vor dem Kind und der Kindheit.

Futtersuche
Mirjam (6): Ein kleiner Dinosaurier hat Hunger. Da merkt seine Mutter, dass die Bäume für ihn noch viel zu hoch sind. Sie reisst deshalb ihrem Kind einige Äste mit saftigen Blättern vom Baum.

Noé (9): Flussrichtung

Pädagogisches Ziel ist es, das Abhängigkeitsverhältnis aufzulösen. Tagtäglich gehen Eltern und Kinder diesem Ziel Schritt für Schritt entgegen. Stolz auf alles bereits Erreichte, stellt sich das Kind immer neuen Herausforderungen. Jeder neue Entwicklungsschritt führt ein Stück weiter in seine Unabhängigkeit.

Dieser Prozess beginnt bereits bei der Geburt. Hier signalisiert das Kind ein erstes Mal unmissverständlich die Bereitschaft wegzugehen und übernimmt Verantwortung für seinen Weg. Den ausgeprägten Wunsch, diesen Weg zu gehen, bezeichne ich als seine Flussrichtung. In ihr zeigt sich die treibende Kraft der Loslösung. Die Kunst der Pädagogik ist, mit dem Kind in Flussrichtung zu sein und die pädagogischen Anliegen in deren Dienst zu stellen. Nur so kann das Kind meine Begleitung vertrauensvoll annehmen.

Hilf mir, es selbst zu tun! Dieser kurze, aber präzise Satz von Maria Montessori beinhaltet alles, was es aus der Sicht des Kindes dazu zu sagen gibt. Obwohl das Kind auf Hilfe, Schutz und Unterstützung angewiesen ist, will es nicht, dass wir seine Probleme lösen. «Hilf mir, es selbst zu tun» bedeutet, dass das Kind anfallende Herausforderungen selbst angehen und eigene Erfahrungen machen will. Es will dies auf seine Weise tun und dabei auch seine eigenen Fehler machen. Es erwartet von den Erwachsenen lediglich Unterstützung, wenn es darum bittet, Schutz, wo es sich gefährdet fühlt, und eine hilfreiche Hand, wenn es überfordert ist.

Ein Schiff reist los
Diesen Titel hat Moriz (8) auf die Rückseite seines Bildes geschrieben. Mit dem Wort «reisen» meinte er eigentlich «reissen». Was genau genommen ein Schreibfehler ist, hat in diesem Zusammenhang durchaus seine innere Wahrheit. Das sich losreissende Schiff wird durch die stark vorwärts drängende Strömung auf eine noch unbekannte Reise mitgenommen.

Meine Arbeit ist nichts anderes als ein Aufspüren von Strömung und Flussrichtung. Es geht lediglich darum, die Schiffchen behutsam ins Wasser zu stellen, ihren Wunsch nach Losreis(s)en zu respektieren und ihre Reise wohlwollend zu unterstützen.

Die verkehrte Schule

Daniela (8): Das ist ein Schulzimmer. Die Lehrerin hat zwei Buchstaben an die Tafel geschrieben: ein grosses und ein kleines R. Diese Buchstaben sollten die Kinder lernen. Die Lehrerin merkt aber nicht, dass die Pulte so stehen, dass niemand zur Tafel sehen kann. Die Kinder schauen sowieso lieber aus dem Fenster. Deshalb ist dieses ganz grau, die Lehrerin hat es zugeklebt. Es hängt kein einziges Bild an der Wand, die Lehrerin hat alle entfernt. Die Bücherkiste ist leer, weil jedes Kind ein Buch mit nach Hause genommen hat. Die Bücher waren gerade noch das Beste an dieser Schule.

Die Lehrerin sieht aus wie ein schwarzes Gespenst. Sie ist wütend, weil die Schule eigentlich schon begonnen hat, aber noch kein einziges Kind gekommen ist. Auf ihrem Pult hat sie deshalb einen ganzen Stapel Strafseiten bereitgelegt. Sie weiss noch nicht, dass gar keine Kinder in die Schule kommen werden. Sie holen nämlich nicht einmal mehr die Strafseiten ab!

Nun hat die Lehrerin im ganzen Schulzimmer und an sich selbst eine rote klebrige Paste verschmiert. Es ist so etwas wie Ketchup, damit die Kinder wie Fliegen kleben bleiben. Eine völlig verkehrte Schule ist das!

Was geschieht in der «verkehrten Schule»? Was läuft hier falsch? Wo ist die Energie der Kinder, wo ihre Flussrichtung?

Um die Aufmerksamkeit der Kinder auf sich zu lenken, hat die Lehrerin gerade das entfernt, was ich als Flussrichtung bezeichne. Da es den Kindern an einer

herausfordernden und anregenden Umgebung fehlt, ist ihre Flussrichtung nicht dort, wo die Lehrerin sich dies wünscht. Die Kinder retten, was noch zu retten ist (Bücher), und bleiben der Schule fern. Alles, was der Lehrerin in ihrer Hilflosigkeit bleibt, sind erfolglose Druckmittel (Strafseiten, klebrige Paste).

Im Kleinkind steckt ein ungebrochener Lernwille. Geführt vom instinktiven Wunsch nach Loslösung versucht es, das sich einmal gesteckte Ziel zu erreichen. Mit grösster Konzentration vertieft es sich in eine Tätigkeit und kann dabei den Rest der Welt vergessen. Es entdeckt sich selbst und erforscht die Umgebung mit allen Besonderheiten. Sein Körper ist immer in Bewegung, seine Hände sind ständig dabei, irgendetwas zu be-greifen, seine Augen und Ohren sind in unermüdlicher Präsenz empfänglich für verschiedenste Eindrücke, auch Geruch und Geschmack einer Sache wollen erprobt sein. Das Kind kann nicht nur spielend lernen, sondern auch lernend spielen!

Gibt es einen vernünftigen Grund, mit dem Schuleintritt des Kindes das Vertrauen in diese Lernbereitschaft zu verlieren? Es will weiterhin lernen und begreifen, es ist bereit, etwas zu üben und will seine Sache richtig machen, nur: Es will dabei selbst Motor und Antrieb sein! Übernimmt ein Erwachsener die Funktion des Antriebs, zieht das Kind sich zurück. Anstelle der lernenden Haltung nimmt es eine Konsumhaltung ein. Bei konsumorientierten Kindern werden Lehrer und Eltern je länger desto mehr Motivation, Freude und Neugierde vermissen.

Das Spannungsfeld zwischen Abhängigkeit und Selbstbestimmung besteht nicht nur in der Kindheit; es gilt ein Leben lang. Selbstbestimmung bedeutet auch später Selbstverantwortlichkeit, während Abhängigkeit den Vorteil hat, dass die Verantwortung von andern getragen wird. Menschen, deren kindliche Abhängigkeit missachtet oder missbraucht wurde, haben es auch als Erwachsene schwer, ihrem Lebensfluss zu folgen und sich vertrauensvoll anderen Menschen zuzuwenden.

Der grosse und der kleine Baum

Anina (9): Es war einmal ein grosser Baum. Im Grunde ist er aber noch ein junger Baum, denn er ist erst zwei Jahre alt. Doch er hat ein Zaubermittel geschluckt, damit er ganz schnell wächst. Er findet Grosssein eben viel besser als Kleinsein, dann könnte er nämlich selber autofahren. Neben ihm steht ein kleiner Baum, der eigentlich schon ein alter Baum ist, er ist bereits 85 Jahre alt. Er hat ein Zaubermittel geschluckt, damit er immer klein bleiben kann. Er findet Kleinsein viel besser als Grosssein, und zwar, weil er dann noch aus dem «Schoppen» (Fläschchen) trinken kann.

Ich: Was findest du besser, Gross- oder Kleinsein?

Anina: Ich weiss nicht, manchmal ist Grosssein besser, manchmal Kleinsein.

Ich: Oft ist es doch so, wenn die Erwachsenen finden, du seist schon gross, wärst du noch ganz gerne klein. Und umgekehrt, wenn du dich gross fühlst, sagen sie, du seist noch zu klein.

Anina: Ja, das stimmt, am besten ist es, wenn man gerade dazwischen ist, und das bin ich ja jetzt auch.

Von der kindlichen Fähigkeit, glücksbereit zu sein

Glück ist grundlos.
Glück ist unverdient.
Glück kommt überraschend.
Glück ist immer da, bereit, sich zu verschenken.
Siehst du es? Kannst du es annehmen?
Glück ist da – auch für dich!

Unermüdlich signalisiert das Kind seine Bereitschaft, glücklich zu sein. Fast so, als wäre jeder Tag nicht nur ein neuer, sondern in seiner Einzigartigkeit auch immer wieder der erste, füllt es ihn mit unermüdlicher Lebenskraft. Voller Hoffnung und Zuversicht, selbst dann, wenn der vergangene Tag Schmerz, Entbehrung oder Enttäuschung gebracht hat, sucht es im Heute nach neuen möglichen Glücksmomenten.

Bevor ich mit der täglichen Arbeit im Atelier beginne, stelle ich mir jeweils die Frage: Bin ich heute bereit, sich mir anbietende Glücksmomente zu sehen und anzunehmen? Bin ich offen für die kleinen, aber alltäglichen Wunder?

Glück im Leben ist nicht abhängig von spektakulären Ereignissen, sondern vielmehr davon, ob Glücksmomente überhaupt zugelassen werden können. In dieser Beziehung habe ich etwas ganz Wichtiges von den Kindern selbst gelernt:

Jede Beschäftigung mit Kindern ist sinnlos und frustrierend, wenn ich den Schritt zur eigenen Glücksbereitschaft nicht tun kann. Sie ist die Grundlage, auf der eine pädagogische Haltung aufgebaut werden muss.

Für das Kind bedeutet Glück nichts anderes als ein Zustand, den man am besten als «In-Kontakt-Sein» beschreiben kann. Dazu benötigt es Aufmerksamkeit, Neugierde und Einfühlungsvermögen ebenso wie seine spontane Art, Beziehungen aufzunehmen und zu leben.

Ein weiteres Merkmal des Glücks ist die Unmittelbarkeit – Glück findet immer in der Gegenwart statt. Wir können uns Glück zwar wünschen, können es uns aber nicht beschaffen. Es lässt sich weder für die Zukunft voraussagen, noch lässt es sich im Vergangenen festhalten. Oft bedingt Glück sogar, Geplantes fallen zu lassen oder Vergangenes zu beenden.

Glück hat aber nichts mit einem oberflächlichen Harmoniebedürfnis zu tun, weil dieses viel zu schnell einen Teil der Emotionen zensuriert. Um sich die Glücksbereitschaft zu erhalten, müssen aber auch Wut, Schmerz, Trotz oder Trauer gelebt werden können.

Glück bedeutet, dort Kontakt zu schaffen, wo man emotional berührt ist. Eine emotionale Berührung können wir dankbar annehmen oder diese auf verschiedene Weise vermeiden und ablenken. Eines aber können wir nicht: Wir können Berührung nicht ungeschehen machen. Um glücksbereit zu sein oder zu werden, ist es unerlässlich, den eigenen Emotionen, den angenehmen wie den unangenehmen, ehrlich entgegenzutreten.

Ebenso wie das Kind dort spontan Kontakt schafft, wo es emotional berührt wird, erkennt es auch klar Unnatürliches, Eingeschränktes, Erstarrtes und Glückloses.

Die Befreiung des Zirkushasen

Yvonne (8): Auf dem Bild ist ein Zirkushase. Er ist geschminkt und verkleidet. Er ist ein armer Hase, denn er wäre viel lieber auf einer Wiese oder im Wald. Eigentlich könnte er ja vom Zirkus weglaufen, aber er getraut sich nicht.

Ein halbes Jahr später:

Yvonne: Das ist ein glücklicher Hase auf einer Wiese.

Ich: Erinnerst du dich noch an den Zirkushasen?

Yvonne: Ach ja, jetzt hat er sich also endlich getraut, den Zirkus zu verlassen!

Vom Kuhhirten zum Urwaldforscher

Patrick (6) ist ein eher stiller, manchmal etwas in sich gekehrter Junge. Auf seinen Bildern nimmt alles sorgfältig seinen Platz ein. Er malt mit viel Ruhe und Aufmerksamkeit. Über längere Zeit beschäftigt er sich mit seinen Lieblingstieren, den Kühen. Langsam beginnt er sich zu fragen, ob so ein Kuhleben nicht doch etwas eintönig sein könnte. Die gemalte Geschichte wird nicht nur lang, sondern oft auch langweilig. Immer wieder malt er die Kühe auf der Wiese und den Bauern, der seine Tiere in den Stall holt, sie füttert und ihnen die Schwänze festbindet, um sie am andern Morgen wieder auf die Wiese hinauszulassen.

Patrick: Das sind die Kühe mit den festgebundenen Schwänzen. Ich weiss nicht – es ist immer dasselbe mit diesen Kühen. Ich lasse jetzt die Kuhgeschichte!

So, und jetzt möchte ich wissen, was geschieht, wenn ich alle Farben des Maltisches zusammenmische.

Das Resultat: «Elefantengraublauviolett».

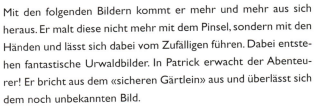

Mit den folgenden Bildern kommt er mehr und mehr aus sich heraus. Er malt diese nicht mehr mit dem Pinsel, sondern mit den Händen und lässt sich dabei vom Zufälligen führen. Dabei entstehen fantastische Urwaldbilder. In Patrick erwacht der Abenteurer! Er bricht aus dem «sicheren Gärtlein» aus und überlässt sich dem noch unbekannten Bild.

Notiz aus dem Stundenprotokoll: In letzter Zeit wirkt Patrick viel kräftiger auf mich. Er erzählt mir mehr aus seinem Leben. Mit dem Erwachen des Abenteurers wird für mich auch seine spritzige und humorvolle Seite erlebbar.

Entwicklung von Sprache und Kommunikation

Der emotionale Aspekt der Sprache

Wann beginnen wir zu «sprechen»?
Mit dem ersten Blickkontakt?
Mit dem ersten Lachen?
Mit der ersten Berührung?

Die Sprache ohne Worte nimmt in der zwischenmenschlichen Kommunikation einen weitaus grösseren Teil ein, als wir im Allgemeinen wahrnehmen. Gerade dort, wo es keine oder noch keine Worte gibt, wo Verständigung ohne Worte möglich ist, sind wir oft tief berührt und fühlen uns in besonderer Weise miteinander verbunden.

Der nonverbale Aspekt nimmt jedoch auch in der sprachlichen Kommunikation den wichtigsten Platz ein, denn für die Verständigung ist nicht entscheidend was, sondern wie etwas ausgesprochen wird. Im Wie des Wortes liegt der grösste Teil seiner Aussagekraft. Nicht die intellektuelle Ebene einer Mitteilung, sondern ihr emotionaler Inhalt entscheidet, ob wir gehört und verstanden werden. Erst Körpersprache, Mimik, Gestik, Tonfall und Ausdruck der Stimme, aber auch Ausstrahlung der Persönlichkeit geben dem gesprochenen Wort seine Glaubwürdigkeit.

Bevor das Kind zu reden beginnt, orientiert es sich nur am emotionalen Inhalt der Sprache. Dieser ist ihm eine verlässliche Informationsquelle, die nie lügt und nie lügen kann.

Lesen lernen:
«Bevor das Kind Worte lesen und aussprechen lernt, lernt es uns Erwachsene emotional lesen.»   Dieter Bürgin

Dem kleinen Kind ist die intellektuelle Ebene der Sprache noch nicht zugänglich, dafür erfühlt es die emotionale mit erstaunlicher Präzision und erkennt so deren Inhalt, bevor es sich selbst in Worten ausdrücken kann. Gerade weil «emotionales Lesen» seine erste und eine Zeitlang seine einzige Kommunikationsform ist, ist das Kind dieser ursprünglichen Ausdruckskraft viel näher als der Erwachsene. Wer kennt nicht das Gefühl, durch wache, prüfende Kinderaugen entlarvt oder erkannt worden zu sein? Emotionales Lesen gibt dem Kind eine ehrlichere Auskunft als gesprochene Worte, weil dabei auch Vermeidungen, Beschönigungen oder Verdrehungen deutlich gehört werden. Ein Kind «hört» die Angst der Mutter selbst dann, wenn Worte wie: «Du brauchst dich nicht zu fürchten» das Gegenteil bewirken sollten. Im Widerspruch zwischen emotionaler und intellektueller Mitteilung verliert das Kind die Orientierung.

Kinder, die sich verlogenen Kommunikationsstrukturen nicht anpassen wollen oder können, gehen deshalb der sprachlichen Kommunikation auf verschiedenste Weise aus dem Weg. Sie provozieren zum Beispiel eine Auseinandersetzung durch offensichtliches «Lügen» oder verdrehen die Wirklichkeit durch «fantastische Geschichten», die sie allerdings innerlich tatsächlich so erleben. Es fehlt ihnen jeder Realitätsbezug, und wenn wir genauer hinhören, merken wir bald, es fehlt eine Beziehungsstruktur, auf die sie sich verlassen könnten.

Um dieser Verwirrung entgültig aus dem Weg zu gehen, bleibt dem Kind nur ein möglicher Schutz: Den Worten gar nicht mehr zu trauen und die Sprache als Kommunikationsform zu meiden. Dieser Rückzug schafft die nötige Distanz, um Sprache wenigstens auf emotionaler Ebene weiterhin klar wahrzunehmen. Das Kind entscheidet intuitiv, jener Ebene zu vertrauen, die es schon immer «verstanden» hat. Das Belastende an der Situation ist, dass es auf diese Weise auch mit Auskünften allein bleibt, von denen es überfordert ist, indem es sich mit dem sprachlichen Rückzug selbst der Möglichkeit beraubt, über das zu sprechen, was es emotional «hört».

Das geschlossene Fenster

In einem Jahr wird Sabina (15) die Schule verlassen. Sabinas Eltern und Lehrer sind besorgt. Während ihrer ganzen Schulzeit ist sie ausserhalb des Elternhauses der Sprache aus dem Weg gegangen. Sie hat weder an Gesprächen teilgenommen, noch hat sie sich für ihre Bedürfnisse eingesetzt. Sabina selbst scheint weniger besorgt zu sein. Sie kennt die Vorteile des Schweigens und weiss: «Ich kann ja reden, wenn ich reden will!»

Am liebsten antwortet sie auch mir mit Nicken oder Kopfschütteln. In ihrem sprachlichen Rückzug ist sie zweifellos eine gute und zugleich kritische Beobachterin geworden, die mit der Fähigkeit des emotionalen Lesens noch heute verlogene Situationen durchschaut. Ich wünsche ihr, dass sie in nächster Zeit das Vertrauen in die Sprache finden kann. Wenn es ihr gelingt, dem emotional Gelesenen sprachlichen Ausdruck zu verleihen, könnte ihr jahrelanger Rückzug gerade in diesem Bereich ein verborgenes Talent ans Licht bringen.

Sabina malt unzählige farbige Streifenbilder. Sie äussert sich nicht dazu und will nur immer wieder ein neues Blatt Papier. Allmählich verfestigt sich unsere Beziehung, wohlverstanden auf der nonverbalen Ebene. Irgendwann entscheide ich mich, ihr nicht mehr nur ein neues Blatt hinzuhängen.

Ich: Hast du eine Idee, was die farbigen Streifen auf deinem Bild sein könnten? Gibt es irgendetwas, was so aussieht wie die Streifen auf deinem Bild?

Sabina: Ja, ein Fensterrollladen.

Nach mehreren Rollläden fordere ich sie auf, noch den Fensterrahmen zu malen. Sie malt dann sogar noch den Handgriff, mit dem man das Fenster öffnen könnte. Doch anschliessend übermalt sie den Rahmen mit einzelnen Streifen des Rollladens gleich wieder. Dadurch wirkt das Fenster eher wie zugenagelt. (Bild 1) Das nächste Bild malt Sabina nicht mehr quer, sondern längs gestreift. Ohne meine Aufforderung malt sie wiederum Fensterrahmen und Handgriff.

Sabina: Es ist viel heller auf diesem Bild.

Ich: Ist es überhaupt noch ein Rollladen, oder könnten es auch Vorhänge sein?

Sabina: Ja, das könnte sein.

Auf dem nächsten Bild ist wieder der Fensterrahmen zu sehen. Der obere Teil des Bildes ist gelb, der untere Teil grün bemalt.

Sabina: Das Fenster ist jetzt geöffnet. Es hat eine grüne Wiese und gelbes Sonnenlicht. (Bild 2)

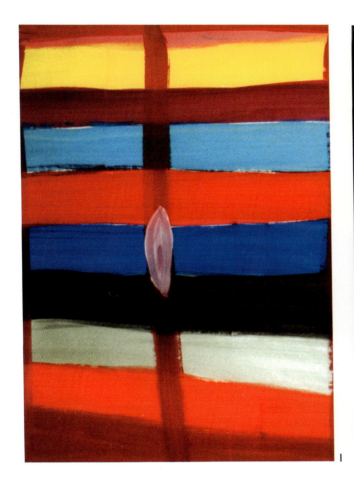

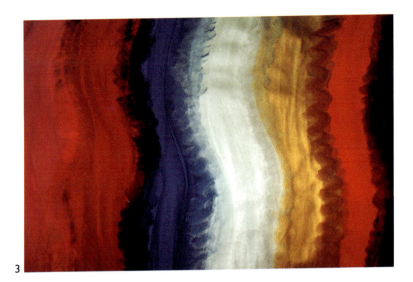
3

4

Danach folgt ein wellenförmiges Streifenbild, jedoch ohne den üblichen Fensterrahmen. Sabina verstärkt die auffallende Weichheit des Bildes durch das Verwischen der Übergänge einzelner Streifen (Bild 3).

Für das nächste Bild wählt sie drei Töpfchen mit bereits gemischter Farbe und nimmt diese an ihren Malplatz: Gelb, Rosa, Violett. Mit kreisenden Bewegungen beginnt sie zu malen und vermischt so die ausgewählten Farben miteinander. Das Verwischen wie das Kreisen sind völlig neue Maltechniken für Sabina.

Sabina: Es sieht aus wie Wolken oder wie ein weiches Fell.

Sabina wird immer mutiger. In der nächsten Malstunde lässt sie sich auf das Wagnis ein, mit den Händen zu malen. Ihr Bild bekommt den Namen: Muschel auf dem Meeresgrund.

Sabina und ich unterhalten uns über die Muschel:

Sabina: Es gibt Muscheln, die eine Perle enthalten.
Ich: Enthält diese Muschel eine Perle?
Sabina: Das weiss man nie im Voraus, wenn man eine Muschel findet, da sie sich fest verschliesst, wenn das jemand sehen möchte. Niemand hat da eine Chance. Man müsste die Muschel töten, um die Perle sehen zu können (Bild 4).

Da wir ein Kind aus emotionaler Sicht nicht belügen können, ist es ausserordentlich wichtig, dass wir unsere Befindlichkeit nicht zu verbergen versuchen. Emotionale Unsicherheit macht Kinder wie Erwachsene gegenseitig zu Spionen, die einander keine respektvolle Privatsphäre mehr zugestehen.

Nicht immer sind die Lebensumstände so, dass dieser Grundsatz selbstverständlich gelebt werden kann. Eine schwierige gesundheitliche, berufliche oder private Lebenssituation, die Auseinandersetzung mit Krankheit, Arbeitslosigkeit, Trennung oder Tod erschweren diesen Dialog. Es ist verständlich, dass wir das Kind schützen wollen und alles daran setzen, uns nichts anmerken zu lassen. Oft belasten wir es aber gerade damit, dass wir es zu schonen versuchen. Es spürt, dass es irgendetwas nicht erkennen soll. Dies weckt Angst und Misstrauen, denn wer geschont wird, wird auch geschwächt!

Und von da an hat sich niemand mehr in die Nähe getraut ...

In der frühen Kindheit von Janos (7) gab es schwierige und belastende Situationen für ihn und seine Mutter. Mit der folgenden Bildergeschichte konnte Sprachloses, bis heute Unaussprechbares ans Tageslicht gebracht werden.

Janos malt zum erstenmal im Atelier. Er will einen grossen leuchtenden Regenbogen malen. Im Bogen hat es eine goldene und silberne Fläche.

Janos: So, das Schloss ist zu!
Ich: Ist dein Regenbogen zugleich auch ein Türrahmen?
Janos: Ja, und jetzt ist die Tür geschlossen.
Ich: Ist diese Tür immer geschlossen oder ist sie manchmal auch offen?
Janos: Manchmal ist sie auch offen.

Eine Woche später will er sein Bild nochmals sehen.
Janos: Das ist ein ganz zufriedener Regenbogen.

Er beschliesst, diesem Regenbogen ein zufriedenes Gesicht zu malen.
Janos: Aber auf der andern Seite hat es noch einen zweiten, der ist gar nicht zufrieden, der ist wütend.

Ich hänge neben das erste Bild ein leeres Blatt, damit Janos den zweiten Bogen auch noch malen kann.
Ich: Hat es in diesem Bogen auch eine Tür?
Janos: Ja, natürlich.
Ich: Ist die Tür offen oder geschlossen?
Janos: Offen! Jetzt ist sie offen!

Janos holt einen Pinsel voller Farbe, drückt ihn in die Mitte des Bildes und dreht ihn wie einen Schlüssel im Schloss. Danach malt er dem Bogen zwei Reihen Tränen.
Janos: Jetzt geschieht aber etwas!
Ich brauche mehr Papier!

Janos malt drei schwarze Männer mit einer Riesenkeule. Sie rennen auf die aufgeschlossene Türe zu. Gleich werden sie eine offene Türe mit Gewalt einrennen.
Janos: Aber wartet nur, die Tränen werden sich in Kanonenkugeln verwandeln!

Es gibt einen «Riesenchlapf», und die Eindringlinge liegen tot auf dem Boden.
Ich: Ich würde gerne wissen, wie es dem Regenbogen jetzt geht.
Janos: Das male ich auf dem nächsten Bild.

Ich hänge ihm ein weiteres Blatt Papier an die Malwand.
Er malt den Bogen leuchtend gelb.
Janos: Alles an ihm strahlt in die Nacht hinein. Man weiss gar nicht mehr, bis wohin der Bogen geht und wo die Tür beginnt. Niemand wird diese Tür wiederfinden, denn von da an hat sich niemand mehr in seine Nähe getraut ...

Das Glück hereinlassen

Anina (9): Das Bild ist voller Würmer, die sich durch das Papier fressen. Und dann gibt es da noch Wahrsagersteine. Auf jedem Stein steht ein Buchstabe. Wenn man die Buchstaben zusammensetzt, ergibt es einen Namen: Es heisst: «Hallo, Frau Studer.»
Ich: Haben diese Steine für mich etwas zu bedeuten?
Anina: Ja, Frau Studer, Ihr Name wird bedroht und muss geschützt werden, sonst wird er von den Würmern aufgefressen!
Ich: Kann ich irgendetwas tun, damit dies nicht geschieht?
Anina: Ja, Sie müssen bei Ihnen zu Hause alle Türen und Fenster öffnen, damit das Glück hereinfliegen kann. Sie müssen das Glück hereinlassen, dann bekommen Sie Ihren Namen zurück.
Sprachlos stehe ich da, den Tränen nahe und tief berührt darüber, dass ich meine heutige Befindlichkeit vor Anina nicht verbergen konnte.

Die Mitteilung eigener Bedürfnisse

Wenn das Kind beginnt, sich sprachlich mitzuteilen, ist dies einer der wichtigsten Schritte in seiner Entwicklung. Dem liegt das dringende Bedürfnis zugrunde, die eigene Befindlichkeit bekannt zu geben, darin verstanden und angenommen zu werden. Mit den eigenen Bedürfnissen wahrgenommen zu werden ist eine lebenswichtige Grunderfahrung des Kleinkinds. Auf diesem Boden wächst das Vertrauen, das ihm zu verstehen gibt: «Du bist willkommen, du hast ein Recht, da zu sein!»

Beim Kleinkind sind die meisten Äusserungen auf es selbst bezogen; bereits mit wenigen Worten macht es unerbittlich auf sich aufmerksam und setzt seine Bedürfnisse wenn nötig mit Beharrlichkeit durch.

Auch wenn es lernen muss, dass andere Menschen in seiner Umgebung andere Bedürfnisse haben, hat es grundsätzlich das Recht, sich für seine Wünsche einzusetzen. Es ist bei der Suche nach Lösungen auf die wohlwollende Hilfe der Erwachsenen angewiesen. Viele haben jedoch gerade mit dieser Ich-Bezogenheit des Kleinkinds grosse Mühe. Rebeca Wild (*Erziehung zum Sein*) spricht dabei von der egozentrischen Phase und stellt die Frage: «Ist es vielleicht die eigene, oft ungestillte Bedürftigkeit, welche uns Schwierigkeiten bereitet, die Egozentrik des Kleinkindes zu akzeptieren?»

Erwachsene, die in ihrer eigenen Kindheit diesbezüglich übergangen wurden, wagen später kaum, die Hürde zum Du wirklich zu nehmen. Aus Angst, mit ihren Bedürfnissen überhört zu werden, bleiben sie in Beziehungen auf sich selbst bezogen und suchen nach Wegen der Befriedigung, ohne sich einem Partner wirklich stellen zu müssen.

Eine Mutter, die ihre eigenen Bedürfnisse nicht äussern lernte, kann dadurch aber auch sehr geschickt sein im «Lesen» der Bedürfnisse ihres Kindes. Aufgrund der eigenen Erfahrung von Schmerz will sie dem Kind jede Entbehrung ersparen und versucht ihm möglichst alle Wünsche von den Augen abzulesen, während sie selbst ihre Bedürfnisse weiterhin zurückstellt. So lernt aber auch das Kind nicht, sich für das Eigene einzusetzen; es fehlt ihm die Auseinandersetzung mit den Bedürfnissen der andern.

Sag du es doch für mich!

Lena (6) bestaunt still den Maltisch mit all den leuchtenden Farben. Ich zeige ihr, wie man mit Pinsel, Wasser und Farbe umgeht. Meine Frage, welche Farbe sie zu Beginn gerne ausprobieren möchte, beantwortet sie mit einem verlegenen Blick.
Ich: Hast du eine Lieblingsfarbe?
Lena nickt.
Ich: Kannst du sie mir zeigen?
Lena lässt ihre Augen über den Tisch gleiten.
Ich: Kannst du mir sagen, wie sie heisst?
Ihre scheuen, aber wachen Augen sagen so etwas wie: «Sag du es doch für mich!» Lena geht langsam dem Maltisch entlang, bleibt bei der gelben Farbe zögernd stehen, schaut kurz zu mir auf und geht weiter.

Wer schon einmal gemalt hat, weiss, dass es oft nicht einfach ist, sich zu Beginn einer Malstunde für eine erste Farbe zu entscheiden. Die Kinder sagen dann vielleicht: «Ich weiss nicht, es sind alle Farben schön», oder: «Ich kann mich einfach nicht entscheiden.»

Jetzt aber habe ich den Eindruck, Lena wüsste schon, welche Farbe sie wählen möchte, doch es bereite ihr Mühe, den Wunsch zu äussern. Das Einfachste wäre also zweifellos, sie zu fragen: «Möchtest du Gelb?» Doch helfe ich ihr damit wirklich? Wäre es nicht viel wertvoller, wenn sie es selber sagen könnte?

Ich: Komm Lena, wir gehen nochmals gemeinsam dem Maltisch entlang, und die Farbe, bei der du stehen bleibst, ist die richtige! Lena lächelt mir zu und geht langsam der gelben Farbe entgegen. Es wird noch eine Zeit dauern, bis sie entweder genug Vertrauen in unsere Beziehung fassen wird oder bis sie überhaupt den Mut hat, eigene Bedürfnisse zu formulieren.

Eigene Interessen und Bedürfnisse kennen und sich dafür einsetzen lernen hat nicht bloss einen persönlichen Stellenwert, sondern eine ebenso wichtige soziale Komponente, denn erst das Recht auf eigene Bedürfnisse schafft ein gesundes Fundament, um die Bedürfnisse anderer überhaupt zuzulassen. Nur gut genährte Persönlichkeiten können wirklich sozial sein.

So gesehen sind soziale Schwierigkeiten immer sekundäre Probleme und können nicht isoliert gelöst werden. Der Lösungsansatz sozialer Probleme liegt vielmehr in der Heilung und Stärkung der jeweiligen Persönlichkeit.

Die Suche nach einer sinnvollen Ordnung

Ein weiterer Schritt in der sprachlichen Entwicklung ist, mit ihrer Hilfe die Gesetzmässigkeiten des eigenen Lebensraumes zu ordnen. Das Kind beginnt Zusammenhänge zu knüpfen, um sich in der Welt, in der es lebt, orientieren zu können. Diese ist voller Fragen, Unklarheiten und Herausforderungen. Das Interesse am Unbekannten ist nicht nur seinem neugierigen Wesen zuzuschreiben; alles, was ihm an Unbekanntem begegnet, löst zwangsläufig auch neue Fragen aus. Mit Hilfe einer Ordnung, die es begreifen und verstehen kann, erschafft es sich ein mögliches Bild der Welt und sucht nach Gesetzmässigkeiten, die ihm einen nachvollziehbaren Sinn ergeben.

Fragen nach dem Sinn einer Sache äussert das Kind mit den Worten «Warum ist ...?» oder «Weshalb ist ...?» Diese Fragen bedeuten: «Welchen Sinn hat es, dass ...?» In all diesen Fragen steckt das verborgene Ahnen und Hoffen, dass zu jedem Warum ein Darum, zu jedem Weshalb ein Deshalb gehören muss, eine Antwort, die den Sinn einer Sache erhellt. Doch solche Antworten sind meist schwieriger zu finden als rein technische Erklärungen eines Sachverhalts.
Eva Zoller

Eva Zoller gibt den Ratschlag, die Warum-Fragen an das Kind zurückzugeben, statt diese kindergerecht beantworten zu wollen. Durch das Zurückgeben der Frage wird das Kind zum eigenen Einordnen, zum Erschaffen einer eigenen Sinngebung aufgefordert. Die Antwort entspricht dadurch seinem Vorstellungsvermögen. Nicht selten können Erwachsene nur staunen über die Logik, aber auch die Weitsicht solcher selbst gefundener Antworten. Allein schon aus diesem Grund ist es viel spannender und lehrreicher, zusammen mit dem Kind fragend und offen nach Antworten zu suchen, statt ihm wie ein lebendes Lexikon zur Verfügung zu stehen.

Badender Eisbär
Dominic (6): Der Eisbär sitzt im Bad und lacht. Weisst du warum?
Ich: Nein, weisst du es?
Dominic: Ja, weil Sommer ist am Nordpol.
Ich: Weil Sommer ist am Nordpol?
Dominic: Ja, die Sonne hat seine ganze Schneehöhle weggeschmolzen, dafür hat er jetzt eine Badewanne.

Konfliktbewältigung durch Kommunikation

Wie sich Kieselsteine in einem Bachbett aneinander reiben und formen, stehen auch die eigenen Bedürfnisse in einem andauernden Prozess der Reibung an den Bedürfnissen der anderen.

Dadurch entwickelt sich im sprachlichen Bereich allmählich die Diskussionsfähigkeit. Die Sprache wird zum Instrument, um die Vereinbarungen des gemeinschaftlichen Zusammenlebens auszuhandeln. Kinder lernen, dass die Grenzen ihrer persönlichen Freiheit dort gesteckt sind, wo sie die Freiheit anderer beeinträchtigen. Diese

Grenzen sind nicht starr und unverrückbar, sondern unterliegen dauernder Wandlung.

Gehören Kinder einer Gemeinschaft an, sollten sie sich an deren sozialen Abmachungen beteiligen. Freiheitsbeschränkungen zu Gunsten einer sozialen Ordnung sind einfacher zu akzeptieren und einzuhalten, wenn sie mitgestaltet werden können. Grenzen brauchen einen verständlichen Grund und müssen einen nachvollziehbaren Sinn ergeben, damit Kinder eine Ordnung mittragen lernen.

Wer besitzt die schönste selbst gemischte Farbe?
Im Atelier entstehen immer wieder ganz besondere Mischfarben. Meistens benötigt das Kind, das sich eine solche Farbe gemischt hat, nicht den ganzen Farbtopf, sodass er noch anderen Kindern zur Verfügung steht. Kinder sind sehr geschickt im Aushandeln und Weitergeben der Mischfarben. Je nach Gruppenzusammensetzung erfordert dieser «Handel» immer wieder andere Regeln und Abmachungen.
Heute ist es wieder einmal zu einer unbefriedigenden Situation gekommen. Verschiedene Kinder möchten Danielas (8) Farben mitbenützen oder diese übernehmen, wenn sie mit Malen fertig ist. Da dreht sie sich plötzlich um und sagt:
Daniela: So, jetzt mache ich mit euch allen etwas ab: Bei meinem Platz darf man nicht mehr nach einer Farbe fragen, weil ich erst, wenn mein Bild ganz fertig ist, alle Farben zum Maltisch zurückstelle. Dort gehören sie dann wieder allen, dann könnt ihr selber sehen!

Die offene und spontane Art der Kinder, Beziehungen einzugehen und diese ebenso schnell wieder in Frage zu stellen, bringt es mit sich, dass Kinder von klein auf mit vielen Facetten von Freundschaft und Feindschaft konfrontiert werden. Spontaneität ist immer durch eine grosse Ehrlichkeit gekennzeichnet, da nicht zuletzt emotionale und nonverbale Elemente eine wichtige Rolle spielen. Kinder wissen, wie beglückend es ist, als beste Freundin auserwählt zu werden, mit einem Verbündeten ein Geheimnis zu teilen oder gemeinsam eine Mutprobe zu bestehen. Ebenso kennen sie die schmerzlichen Schattenseiten einer Beziehung. Sie kennen das Verlassen- und Verratenwerden ebenso wie Ausgrenzung und Zurückweisung. Kinder sind manchmal unbarmherzig ehrlich miteinander!

Gerade weil Kinder wissen, wie schwierig es sein kann, sich unter anderen Menschen wohl zu fühlen, ist es wichtig, dass sie lernen, einander respektvoll zu begegnen.

Viele Kleine sind stärker als eine Grosse
Auf Romans (8) Bild ist ein kleines Fischerboot zu sehen und ein Delfin, der gerade auftaucht, um frische Luft zu holen. Am Himmel sind Wolken – es droht ein Gewitter. Doch die vielen kleinen Wolken wollen das nicht und versuchen sich gegen die grosse Gewitterwolke zur Wehr zu setzen.
Ich: Was können sie tun? Haben sie überhaupt eine Chance?
Roman: Wenn alle kleinen zusammenhalten, können sie die Gewitterwolke vertreiben!
Ich: Dann stimmt es nicht, dass Grosse immer stärker sind als Kleine?
Roman: Nein, und es ist auch nicht gerecht, wenn immer die Grosse sagen kann, wie das Wetter werden soll!
Ich: Wie verhält sich jetzt die grosse Wolke?
Roman: Sie ist beleidigt.
Ich: Gibt es jemand, der froh ist, wenn das Gewitter wieder abzieht?
Roman: Ja, der Mann im Fischerboot. Nur dem Delfin ist alles egal, er kann einfach abtauchen.

Nicht alle Kinder haben gleich viel Schutz
Auf Fabians (6) Bild sind zwei Mädchen zu sehen. Über ihnen wölbt sich ein grosser Regenbogen.
Fabian: Ein Kind wird vom Bogen ganz beschützt, das andere weniger, es steht im Regen, es ist traurig, es ist allein und ganz nass. – Nicht alle Kinder haben gleich viel Schutz ...
Mir fällt auf, mit wie viel Mitgefühl Fabian diese Worte ausspricht. Ich bleibe neben Fabian stehen. Gemeinsam betrachten wir lange Zeit still sein Bild.

Das schöpferische Gespräch

Auf den im Vorangehenden geschilderten Erfahrungen beruht eine weitere Dimension der Kommunikation: die Sprache als schöpferische Grundlage. Gedanken und Gefühle formen sich zu sprachlichen Bildern, wir fragen nach einem tieferen Sinn einer Sache, suchen nach Zusammenhängen und Gesetzmässigkeiten. Zwischen den Gesprächspartnern entsteht dabei etwas Neues, sozusagen eine gemeinsam erschaffene geistige Skulptur, ein Brief, eine Geschichte oder ein Gedicht.

Schöpferische Gespräche mit Kindern hinterlassen Spuren eines gemeinsam erlebten Geheimnisses. Die Tatsache, dass dabei immer mehr Fragen offen bleiben als beantwortet werden können, unterstreicht die besondere Qualität der Begegnung. Mit den unbeantworteten Fragen befindet sich das Kind auf derselben Ebene wie der Erwachsene, denn dieser hat weder einen Wissens- noch einen Erfahrungsvorsprung. Im Gegenteil, oft steht das Kind in seiner Verbundenheit den Antworten viel näher.

Ein Wunder
Miriam (8) malt genüsslich mit Händen und Fingernägeln. Sie verstreicht die nassen Farben ineinander, und es ergeben sich immer wieder neue Farbtöne.
Miriam: Ich male ein Wunder.
Ein Wunder ist, wenn man nicht weiss, was aus einem Bild werden soll. Wenn es dann doch plötzlich etwas wird, ist das eben ein Wunder.

Das Geheimnis der Sonne

Yvonne (8): Ich stehe vor einem grossen Regenbogen. Hinter dem Regenbogen hat es schwere Regenwolken. (Bild 1)

Ich: Und wenn wir uns umdrehen, was sehen wir dann?

Yvonne: Warte, ich male es!

Yvonne: Wenn wir uns umkehren, sehen wir die Sonne; nur sie kennt das Geheimnis … Sie weiss, wie man einen Regenbogen macht! (Bild 2)

Himmelsfenster
Christina (10) bemalt ihr Bild in den Grundfarben Gelb, Blau und Rot. Danach holt sie sich einen Topf weisser Farbe und übermalt damit in kreisenden Bewegungen das ganze Bild. Anschliessend trägt sie mit dem Spachtel einen Teil der weissen Farbe wieder ab.
Christina: Schau, der Spachtel nimmt die Wolken weg, jetzt hat der Himmel ein Fenster erhalten!

Der Angst-, Motz- und Verzweiflungshase
Daniela (8): Ein kleiner Hase sitzt ganz allein im Gras. Neben ihm steht eine riesige «Osterhasenhutte». Am Boden sind viele, viele Eier, die er bemalen sollte. Er ist total überfordert und weint: «Ich kann unmöglich bis Ostern so viele Eier bemalen, und diese grosse Hutte, die kann ich sowieso nicht tragen.» Die Sonne lacht, denn sie weiss, sie wird dem Hasen schon helfen und er wird es schaffen. Die Sonne denkt: «Er ist ein Osterhase und deshalb wird es auch gehen, ich weiss es.» Aber pssst ... (Daniela flüstert.) Das dürfen wir dem Hasen nicht sagen. Die Sonne will, dass er genau das selber merkt! Doch der Hase weint weiter und wünscht sich, dass die Hutte eine Höhle wäre, in der er sich verstecken kann. Da erfüllt ihm die Sonne diesen Wunsch, und die Hutte wird zu einer Höhle. Doch da verzweifelt der Hase erst recht, weil er jetzt ein Angst-, Motz- und Verzweiflungshase ist. Dabei weiss er genau, eigentlich wäre er ein stolzer Osterhase. Die Sonne und die Monde halten eine Versammlung ab. Die Sonne sagt: «Er schafft es, er ist ein Osterhase!» Die Monde sagen: «Nein, er ist ein Angst-, Motz- und Verzweiflungshase, lassen wir ihn doch!»

Weisst du, auch wenn die Sonne an ihn glaubt, er muss selbst herausfinden, dass er ein Osterhase ist, dann wird es gehen! Man weiss von keinem einzigen Osterhasen, wie er diese Arbeit schafft mit den Eiern, der Riesenhutte und den vielen verschiedenen Osternestern ..., aber er schafft es jedes Jahr!

Auf dem nächsten Bild:

Der Hase sollte schon wieder ein Osterhase sein. Da kommen die Monde mit einer riesigen schwarzen Wolke und wollen den Hasen in seine Angst-, Motz- und Verzweiflungshöhle treiben. Die Sonne streut schnell über alles einen feinen «Silberschutz». Jetzt kann dem Hasen nichts mehr passieren, vor ihm steht die Hutte und die bemalten Eier. Er wird es schaffen!

Wer gibt uns immer wieder die Kraft, den Mut und die Zuversicht, wenn wir traurig, verzweifelt oder enttäuscht sind? Wer hilft uns in solchen Zeiten, an uns zu glauben, selbst dann, wenn wir nur noch Berge vor uns sehen? Berge, die im besten Fall Höhlen bieten, um sich darin zu verkriechen? Woher kommen diese Bilder mit ihrer klaren Sprache und dem damit verbundenen umfassenden Wissen über die Gesetzmässigkeit des eigenen Lebens?

In ihren Bildern beschäftigen sich Kinder oft mit ihrer gegenwärtigen Lebenssituation. Sie machen sich ihre Gedanken zum Geborenwerden und zum Sterben, fragen nach ihrer Herkunft und nach dem Tod. Für Kinder gehören diese beiden Komponenten viel klarer zusammen als dies beim Erwachsenen der Fall ist. Sie erkennen intuitiv den natürlichen Kreislauf und besitzen ein unverfälscht tröstliches Bild des Himmels als eines wunderbaren Ortes, von dem wir herkommen und in dem wir uns einmal alle wiedersehen werden. Eine Bekannte erzählte mir einmal, sie hätte als Kind die Vorstellung gehabt, die Sterne am nächtlichen Himmel seien lauter kleine Löcher, durch die man das Licht des Himmels und des lieben Gottes sehen könne.

Himmelsleiter

Janos (7) holt sich einen grossen, dicken, mit blauer Farbe gefüllten Pinsel und beginnt damit zu malen.

Janos: Zuerst male ich den Himmel!

Der Pinsel ist so gefüllt mit Farbe, dass diese an verschiedenen Stellen zu rinnen beginnt. Zuerst ärgert ihn dieses Missgeschick. Er schaut eine Weile zu, holt dann nochmals Farbe und lässt sie absichtlich noch mehr herunterrinnen.

Janos: Ich möchte sehen, wie das Bild aussieht, wenn man es quer aufhängt.

Nach dem Umhängen des Bildes:

Janos: Jetzt ist es kein Himmel mehr, sondern eine Himmelsleiter! Die Leiter ist für Grossmütter und Grossväter und alle Menschen, die gestorben sind, damit sie in den Himmel steigen können. Die Leiter ist aber auch für all jene, die schon im Himmel sind und gerne wieder auf die Erde herunterkommen möchten.

Was macht eine Blume, bevor sie stirbt?
Im Leben von Tamaris (9) ist es in kurzer Zeit zu verschiedenen Todesfällen gekommen, was sie sehr beschäftigt. Über mehrere Stunden entsteht, aus verschiedenen übereinander gehängten Blättern zusammengesetzt, das Bild einer grossen Blume. Sie malt zuerst den Erdboden für die Wurzeln der Pflanze. Aus dem Boden wächst allmählich ein langer und starker Stengel. Blatt für Blatt wächst die Pflanze dem Himmel entgegen. Die dicke Knospe öffnet sich, und es entfaltet sich eine wunderschöne Blüte.
Tamaris: So, und wenn sie fertig geblüht hat, verteilt sie noch ihre Samen, bevor sie stirbt.
Ich staune über die grosse Sicherheit in ihren Worten. Sie spricht nicht über den Tod als schmerzlichen Abschied, sondern versucht die Gesetzmässigkeit des Sterbens als natürliche Erfahrung in ihr Leben zu integrieren.

Auch Kinder kennen den Schmerz der Trauer, die Blockierung der eigenen Lebenskraft durch die Gegenwärtigkeit des Todes und des Abschiednehmens. Aber auch sie können lernen, damit umzugehen und in ihrem Leben weiterzugehen.

Das liebe Pferd streicheln
Christina (8): Ich will nie mehr reiten. Seit mein liebes Pferd gestorben ist, will ich nicht mehr reiten, denn was nützt es mir, wenn das Pferd dann stirbt, bin ich ja nur auch wieder traurig!
Ich: Was nützt es dir, wenn du jetzt nie mehr reitest?
Christina: Dann denke ich immer an das verstorbene Pferd und daran, dass ich nie mehr reiten kann! Das nützt mir eigentlich gar nichts, Reiten ist nämlich etwas Schönes ...
Ich: Wer nie mehr traurig sein will, darf also auch nie mehr etwas Schönes erleben?

Christina: Ja, und das nützt nichts! Also, das Pferd, das gestorben ist, darf aber für immer mein liebstes Pferd bleiben.
Danach malt Christina dem liebsten Pferd ein Bild. Sie malt es mit den Händen und streichelt dabei mit brauner Farbe fast endlos das feine Fell des geliebten Tieres.

Nicht immer bezieht sich Abschiednehmen im Alltag auf den physischen Tod. Wenn Altes und Vergangenes Neuem und damit einer Weiterentwicklung Platz machen muss, erleben wir Abschied, Veränderung und Neubeginn tagtäglich als kleinere oder grössere Sterbemomente. Jede Entwicklung ist eine Vorwärtsbewegung, die bei ihrem Voranschreiten unweigerlich etwas zurücklässt. Gerade die Kindheit beinhaltet durch die zahlreichen Entwicklungsschritte viele solche Sterbemomente. Diese werden von den Eltern meist intensiver und wehmütiger erlebt als vom Kind selbst. Seine Aufmerksamkeit gilt vielmehr der eigenen Flussrichtung, seinem Wunsch nach Loslösung und Selbstbestimmung.

Von der Raupe zum Schmetterling
Daniela (8):
Bild 1: Das ist eine Raupenfamilie. Das Kind hat Hunger und weint, darum habe ich ihm viel Gras zum Fressen gemalt.
Bild 2: Das Kleine frisst und frisst und merkt gar nicht, dass seine Eltern schon längst genug gefressen haben und sie sich in der Zwischenzeit verpuppen. Plötzlich ist es ganz allein. Jetzt weint es untröstlich.

Bild 3: Da geschieht etwas Unerwartetes: Die kleine Raupe verpuppt sich auch! In der gleichen Zeit schlüpfen die Eltern aus ihrer Puppe und merken, dass sie kein Kind mehr haben. Jetzt sind die Eltern traurig und weinen.

4

Bild 4: Da, in der nächsten Nacht, schlüpft auch das Kind aus der Puppe. Sie freuen sich und fliegen gemeinsam durch die Nacht. Nur das kleine Gespenst oben am Himmel hatte nie Angst und war nie traurig. Es hat als einziges gewusst, dass alles genauso gehen muss und dass alles in Ordnung kommt.

Eine Beziehung ist wie eine Brücke

Brücken bauen

> Die Brücke ist das Element, das zwei Ufer miteinander verbindet. Sie kann nur dort gebaut werden, wo sich diese auf derselben Ebene gegenüberstehen, und entsteht nur dann, wenn auf beiden Seiten daran gearbeitet wird. Eine Brücke gibt mir die Möglichkeit, mit dir verbunden zu sein – sie ist verbindlich.

Der Mensch hat ein Bedürfnis nach Beziehung. Entscheidend ist jedoch, aus welcher Motivation dieses Bedürfnis entsteht, denn während selbstverantwortliche Menschen durch ihre Beziehungen im eigenen Handeln bestärkt werden, benützen Menschen mit einem Mangel an Selbstverantwortlichkeit ihre Beziehungen dazu, um eigene Verantwortung abzugeben.

Bereits kleine Kinder können lernen, dass sie eine Beziehungsverantwortung haben. Die Eltern legen den Grundstein der Beziehungsfähigkeit. Von ihnen wird viel Aufmerksamkeit erwartet und ihre Fürsorge nimmt sie zeitweise voll in Anspruch. Oft vergessen sie dabei, auch eigene Ansprüche zu stellen, und verhindern dadurch einen wichtigen Lernprozess des Kindes: Eltern sind nicht allzeit bereite Diener! Sie sind Menschen mit eigenen Bedürfnissen und haben ein Recht, diesen Nachdruck zu verleihen.

Eine weitere für das Kind wichtige Erfahrung ist, dass auch Eltern verletzbar sind und dass das Verhalten des Kindes bei ihnen schmerzhafte Spuren hinterlassen kann. Wurden Eltern durch ihre eigenen Kinder enttäuscht oder verletzt, erlauben sie es sich oft nicht, diese Gefühle zuzulassen. Viel eher quälen sie sich mit dem Gedanken, in ihrer Rolle versagt zu haben. Doch was hindert sie daran, sich als verletzbare Personen zu zeigen? Das Kind darf wissen, dass sein Verhalten etwas bewirkt und es nicht in allem, was es tut, geliebt wird. Geliebt und beachtet werden ist kein absolutes kindliches Privileg. Vielmehr kann Liebesfähigkeit nur dort gelernt werden, wo sich jemand traut, den Menschen, von denen er selbst geliebt wird, mit Ehrlichkeit zu begegnen. Eltern mit dem schlechten Gewissen, versagt zu haben, haben sich in ihrer Elternrolle oft selbst aufgegeben. Ein Beziehungsnetz ist nur dann wirklich gesund, wenn für alle daran beteiligten Personen ein respektvoller Umgang mit den eigenen Bedürfnissen gewährleistet ist.

Meine Beziehung zum Kind im Atelier steht unter einem besonderen Stern. In der Regel bin ich nicht eingebunden in sein soziales Netz. Meistens kenne ich weder seine Familie, seine Umgebung, noch seine Schule und habe keine Funktion in seinen alltäglichen Beziehungen. Es gibt keine Pflichten, die ich zu berücksichtigen habe, keine Lernziele, die ich erreichen muss, und ich stehe in keinem Kontext zu anderen Personen seiner Umgebung. Ich habe also das Privileg, aus dieser neutralen Position heraus eine Beziehungsbrücke zu bauen. Oft entsteht zwischen dem Kind und mir ein tiefes Gefühl des Verbündetseins. Ein Gefühl, das vielleicht den besonderen Umständen der Beziehung zuzuschreiben ist.

Das Ausserhalb-Stehen, die Distanz zu den Umständen des täglichen Lebens erlauben es mir, allein das Kind wahrzunehmen. So erhalte ich Einblicke in eine Situation, die innerhalb des sozialen Netzes viel schwieriger zu gewinnen wären, da die Bezugspersonen des Kindes selbst Teil der sich zeigenden Umstände sind.

Aus der Position der Aussenstehenden heraus unterstütze ich die Stimme des Kindes, ohne irgendwelche

1

Konzessionen eingehen zu müssen. Manchmal gelingt es mir so, einer Schwierigkeit oder Verletzung, einer Stärke oder einer besonderen Kraftquelle Resonanz zu geben, die sonst ungehört geblieben wäre. Die Eltern des Kindes begegnen mir in solchen Momenten mit grosser Dankbarkeit. Für das Kind selbst bedeutet diese Erfahrung: «Jemand hat mich erkannt.»

Die Wahrsagerin

Chris (11) fühlt sich in der Schule wie auch zu Hause oft blockiert. Es ist ihm langweilig, und er gilt als eher antriebsloser Schüler. Meist steht er sich in diesem Zustand selbst im Weg.
Wir betrachten die Bilder seines längeren Malprozesses und kommen dabei auf diese Problematik zu sprechen.
Ich: Chris, ich glaube, dass du alles, was andere Kinder können, genauso gut kannst wie sie. Du kommst mir manchmal vor wie ein Fluss, der genauso viel Wasser und genauso viel Kraft hat wie jeder andere. Doch irgendwo auf dem Grund liegen riesige Felsbrocken, durch die dein Fluss sich mit viel Anstrengung hindurchzwängen muss.
Chris: Ja, so fühle ich mich auch!
Wir blättern in seinem «Bilderbuch» weiter und sind sehr erstaunt, was das nächste Bild uns zeigt. Chris erinnert sich auch noch, was er damals zu diesem Bild gesagt hat.
Chris: Auf dem Bild ist Wasser. Unter dem Wasser sind alte Minen. Sie sind aus dem Zweiten Weltkrieg und müssen unbedingt gezündet werden, damit sie nicht mehr gefährlich sind. (Bild 1)
Ich: Es kommt mir vor, als hättest du das, was ich angesprochen habe, bereits vor einiger Zeit gemalt.
Dieses Gespräch hat unsere Beziehung verfestigt. In der nächsten Malstunde entsteht folgendes Bild:
Chris: Das Auge der Wahrsagerin, die gerade in ihre Wahrsagerkugel blickt.
Ich: Was sieht sie in der Kugel?
Chris: Das Haus, in dem sich ein Malatelier befindet. (Bild 2)

Die goldene Brücke

Fabienne (12) malt schon längere Zeit im Atelier. Am Anfang hatte sie sich meiner Begleitung völlig entzogen. Oft lag etwas Finsteres, fast Ablehnendes in ihrem Blick. Obschon diese Ausgangslage für mich nicht einfach war, spürte ich eine liebevolle Verbindung zu ihr.

Ihre demonstrative Art, sich selbst wie auch ihrer Tätigkeit keine Beachtung zu schenken, verhalfen ihr paradoxerweise zum Malen.

«Es kommt nicht darauf an, was ich tue, es ist ja sowieso nicht gut.» Oder: «Sag du mir doch, was ich tun soll – ich werde dir beweisen, dass es das Falsche ist.»

Mit solchen Gedanken hat sie sich ihre wie meine Misserfolge immer wieder selbst organisiert. Nur mit Hilfe des Zufalls konnten solche «Vorsätze» durchbrochen werden.

So «purzelte» sie überraschend und ungewollt in ihre Bilder hinein. Es entstand zum Beispiel das Bild «Rosengarten», erblüht aus einem wilden Durcheinander. (Bild 1)

Allmählich fasst Fabienne mehr Vertrauen, zu sich selbst wie zu ihren Bildern. Sie kommt fröhlicher und unbeschwerter ins Atelier. Es entsteht eine Serie intensiv gemalter, lebendiger Bilder.

Einige Zeit später begegnet mir unerwartet wieder eine sehr verschlossene Fabienne. Ich erkenne sie kaum wieder und kann mir ihren Stimmungsumschwung nicht erklären. Unzugänglich und in sich gekehrt malt sie ihr nächstes Bild.
Fabienne: Ein Eisbär auf einer Scholle. Er treibt vor sich hin. Niemand bemerkt ihn und niemand ist in seiner Nähe. (Bild 2)
Beim nächsten Bild bemalt sie das ganze Blatt mit silberner Farbe. Zuerst bleibt sie wortlos davor stehen, dann holt sie sich schwarze Farbe und malt darauf ein grosses Kreuz. (Bild 3)
Fabienne: Alles leer, Kreuz, Friedhof, fertig ...
Ich: Fabienne, was hast du? Was ist geschehen?
Fabienne zuckt ratlos die Schultern und verlässt das Atelier.

Im anschliessenden Gespräch mit ihrer Mutter stellt sich heraus, dass die Lehrerin aufgrund ihrer jetzigen Leistungen nicht glaubt, dass Fabienne im kommenden Sommer in die Sekundarschule wechseln kann.

Auch wenn die Bedenken der Lehrerin vermutlich angebracht sind, ist es für Fabienne sehr wichtig, dass ihr diese in konstruktiver Art vermittelt werden, weil sie sonst sofort wieder in ihr altes Muster zurückfällt: «Es kommt nicht drauf an, was ich tue, es ist ja sowieso falsch.» Ich befürchte, dass sie sich wieder verschliesst und entmutigt alles Begonnene fallen lässt.

Fabiennes Lehrerin bestätigt mir, dass noch genügend Zeit bleibt, bis ein Entscheid gefällt wird. Ausserdem ist sie überrascht; ihre Äusserung sei gar nicht so negativ gemeint, wie sie offenbar verstanden wurde. Sie werde nochmals mit ihr reden.

Eine Woche später begegnet mir eine sichtlich erleichterte Fabienne. Das Bild, das in dieser Stunde entsteht, heisst «Goldene Brücke über eine tiefe Schlucht». (Bild 4)

Ein halbes Jahr später schafft Fabienne die Hürde in die Sekundarschule. Eines ihrer letzten Bilder im Atelier heisst: «Segelschiff auf hoher See». (Bild 5)

Ich: Beim Segeln auf hoher See ist es wichtig, dass alle gut zusammenarbeiten. Man muss sich genau absprechen und am gleichen Strick ziehen. Vielleicht ist dies ein wichtiges Bild für die kommende Zeit in der Sekundarschule.

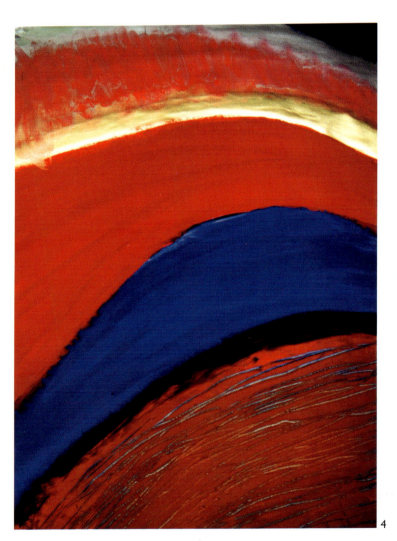

4

Im Atelier erlebe ich oft, dass beziehungsverunsicherte Kinder ein generelles Misstrauen gegen alles Erwachsene entwickelt haben. Sie erleben auch meine Begleitung nicht als Interesse, sondern empfinden sie als Kritik.

Die erste Arbeit im Atelier ist deshalb immer der Aufbau einer vertrauensvollen Beziehung. Beziehungsfähigkeit kann durch begleitetes Malen auf verschiedenen Ebenen unterstützt werden: die Beziehung zu sich selbst, die Beziehung zur Tätigkeit des Malens, die Beziehung zum Bild und die Beziehung zu mir als Begleiterin.

Viele Eltern, die mit einem therapeutischen Anliegen den Weg ins Atelier gefunden haben, beobachten nach einer gewissen Zeit eine deutliche Veränderung in der Beziehung zu ihrem Kind: Das Kind ist offener; sie können besser miteinander umgehen; das Kind traut sich, seine Meinung zu sagen, es hat gelernt zuzuhören; die Eltern verstehen seine Ausbrüche besser …

Sicher haben ihre Rückmeldungen etwas mit dem Malen zu tun und sicher auch mit meiner Begleitung. Nicht zu unterschätzen ist aber die Wirkung der gemeinsamen Hinwendung zum Kind, zu seiner Persönlichkeit, seinen Ressourcen und Schwierigkeiten. Es braucht für Eltern wie Lehrpersonen oft Mut zur Ehrlichkeit, um hinzusehen und das Kind in seiner Lebenssituation unverfälscht wahrzunehmen. Bereits dieser Schritt wirkt sich für alle Beteiligten entlastend aus. Das Kind spürt: «Ich werde gesehen, ich werde ernst genommen!» Am Anfang braucht das Kind Zeit, um das nötige Vertrauen aufzubauen. Es soll das beklemmende Gefühl ablegen können, mit ihm sei irgendetwas nicht in Ordnung.

Auch für Kinder, bei denen kein therapeutisches Anliegen im Vordergrund steht, ist die gemeinsame Hinwendung eine wichtige Unterstützung in ihrer Persönlichkeitsbildung. In einer Zeit, in der in Familie und Schule schwierige Situationen viel Energie benötigen, kommen unauffällige Kinder oft zu kurz. Es bleibt ihnen nichts anderes übrig, als mit ihren Qualitäten zu verstummen oder notfalls selbst auffällig zu werden.

Transformation

Mit Kevin (9) habe ich erleben dürfen, wie durch Hinwendung nicht nur eine positive Beziehungserfahrung möglich wurde, sondern auch zerstörerische Kräfte transformiert werden konnten. Auf Kevins Bilder spielen sich fast endlos Kampfszenen ab. Da gibt es eingeklemmte Menschen, giftige Spinnen, würgende Schlangen, brennende Häuser usw. Meistens beginnen seine Bilder ruhig und friedlich. Kevin selbst signalisiert immer wieder das Bedürfnis nach einem Bild, auf dem «das Böse nicht kommen wird».

Kevin: Heute ist so ein schöner Tag, heute wird es sicher nicht gefährlich …

Oder: Jetzt gerade ist ja noch alles gut, aber man weiss es noch nicht so genau …

Er möchte es einfach schön haben beim Malen. Doch so sehr er sich dies auch wünscht, seine Bilder zeigen immer wieder Szenen von Kampf und Zerstörung.

Gerne würde ich mit ihm ein gemeinsames Bild malen. Kevin stimmt meinem Vorschlag strahlend zu. Mir fällt auf, dass er alles, was sich zeigen will, bei der nächsten Gelegenheit wieder übermalt. Die sorgfältige und wohlwollende Atmosphäre bringt ihn in eine zunehmende Spannung. Es ist, als könne er das Schöne, das er sich so sehnlichst wünscht, selbst nicht aushalten, wenn es sich ihm bietet. Auf dem Höhepunkt dieser Ambivalenz geht auf einmal alles sehr schnell (Bild 1):

Kevin beginnt lauter Kreuze über das Bild zu verteilen.

Kevin: Absperrungen! So, das Bild ist fertig!

Etwas ratlos über den unerwarteten Schluss frage ich mich: Steht er seinem Glück selbst im Weg? Kann er feine Schwingungen überhaupt zulassen? Wovor schützt er sich? Fürchtet er sich vor Verletzung oder Enttäuschung? Stehe ich ihm beim Malen eines gemeinsamen Bildes zu nahe?

Sicher entsprechen die «Kampfbilder» einer inneren Realität und können nicht einfach mit friedlichem Zusammensein erlöst werden. Doch mir scheint, Kevin befindet sich in einer ausweglosen Situation. Vorprogrammiert von immer wieder denselben zerstörerischen Mustern, beschränkt er seine Möglichkeiten auf das, was er mit sich selbst vereinbart hat. Mein Ziel ist, dass er durch positive Beziehungserfahrung dieses Muster durchbrechen kann. Eine Woche später macht Kevin selbst den Vorschlag eines gemeinsamen Bildes. Ich bin damit einverstanden, vereinbare mit ihm aber zusätzliche Spielregeln: Alles bleibt sichtbar, nichts darf übermalt werden. Und: Wir dürfen nur dann miteinander reden, wenn wir den Pinsel wechseln. Wir beginnen sehr konzentriert, fast bedächtig zu malen. Es entsteht folgende Geschichte (Bild 2):
Kevin: Ein Bär steigt auf einen Baum. In der Hand hält er die «Honigblume». Sie zeigt dem Bären ein Loch im Baum. In diesem Loch ist Honig. Der Bär hat sehr gerne Honig. Er freut sich, denn das ist die allererste Honigblume, die er gefunden hat.
Kevin ist sehr glücklich und erleichtert.

Kevin: Also, jetzt möchte ich aber noch ein zweites Bild mit dir zusammen malen. Bei dem darf man wieder übermalen, machst du mit?

Ich stimme dem Vorschlag zu, und Kevin beginnt zu malen. Auf dem Bild entsteht ein Berg, auf dem ein rosarotes Schloss steht. Dieses Schloss steht auf einem Vulkan. Plötzlich bricht dieser aus und überschüttet alles mit roter Lava.

Kevin: Das ganze Schloss wird darunter begraben sein!

Er holt sich einen Pinsel schwarzer Farbe und beginnt auch dieses Bild mit Kreuzen, so genannten Absperrungen, zu übermalen. Innerhalb kürzester Zeit ist alles übersät von Kreuzen. Während des Übermalens wiederholt er immer dieselben Worte:

Kevin: Ich zerstöre ... ich zerstöre ... ich zerstöre ...

In den kommenden Malstunden lernt Kevin mit Hilfe gemeinsamer Bilder Übermalen nicht einfach mit Zerstören gleichzusetzen, sondern es als das sich Verwandelnde zu nutzen.

Beim Übermalen eines Bildes entsteht zwangsläufig immer eine Verunsicherung. Das Bild fällt sozusagen aus der bisher gültigen Ordnung. Übermalen heisst etwas Altes zu verabschieden, ohne das Neue zu kennen. Dieser Zustand ist für Kevin bedrohlich und beinhaltet eine Spannung, die er mit Zerstören ausagiert. In unseren gemeinsamen Bildern versuche ich durch mein Vertrauen in das Bild, seine Neugierde auf Neues und Ungeahntes zu wecken. In diesem Prozess entstehen immer intensiver werdende Bilder.

Nach einer längeren Zeit gemeinsamen Malens entscheidet sich Kevin wieder einmal ein Bild allein zu malen. Nochmals entsteht ein Vulkanausbruch. Schwarze Steine werden aus dem Krater geschleudert und ein geheimnisvolles Paket erscheint mitten im Steinhagel.

Kevin: Was ist wohl darin? – Ich habe keine Ahnung, was es sein könnte, es ist sicher ein Geheimnis!

Das kommende Bild malt er ebenfalls allein, er ist jedoch sehr unruhig und malt oberflächlich. Durch die Schnelligkeit seines Tuns schafft er gar nie wirklichen Kontakt zum Bild. Mehrmals appelliere ich an seine Aufmerksamkeit.

Ich: Kevin, ich möchte, dass du sorgfältig umgehst mit deinem Bild und genau hinschaust, was deine Hand tut.

Auf einmal ändert sich Kevins Verfassung. Seine Bewegungen werden ruhiger, und konzentrierter. Allmählich ist Aufmerksamkeit zu verspüren.

Kevin: Jetzt kommt das Liebe hervor. Zuerst war nur das Böse da und das Feuer, das alles zerstören wollte. Jetzt kommt daraus plötzlich das Liebe.

Ich: Hast du gemerkt? Früher war es umgekehrt, da war zuerst immer das Liebe und daraus kam dann das Böse. Heute kam zum erstenmal aus dem Bösen das Liebe.

Kevin: Ja, das Liebe ist jetzt eben stärker – das ist das Geheimnis!

Ich: Welches Geheimnis?

Kevin: Das, welches aus dem Vulkan gespuckt wurde!

Eine Woche später malt Kevin mit den Händen. Auf seinem Bild hat er verschiedene Farben ineinander und übereinander gemischt. Mit der Zeit wird alles grau. Mit immer neuen Farben gibt er dem Bild dann trotzdem eine klare Form und einen leuchtend gelben Mittelpunkt. (Bild 3)

Kevin: Alles herausgekotzt! Das Rote, das Gelbe, das Grüne, das Orange, das Blaue – einfach alles, alles, alles!

Zuerst habe ich gedacht, jetzt kommt dann wieder das Böse, aber es ist nicht gekommen! – Und jetzt ist einfach alles weg!

4

In der nächsten Malstunde möchte er mit mir ein gemeinsames Bild malen. Er macht folgenden Vorschlag: Jedes beginnt auf einem eigenen Blatt, nach fünf Minuten wechseln wir, und jedes malt auf dem Bild des anderen weiter.

Nach fünf Minuten:

Kevin: Weisst du was, wir malen jetzt doch jedes für sich. Ich weiss nämlich schon, was ich auf meinem Bild malen möchte.

Erstaunt über sein Selbstvertrauen und über die Wertschätzung, die er seiner Arbeit gegenüber zeigt, bleibe ich bei ihm stehen. Kevin malt in dieser Stunde ein kräftiges und strahlendes Bild. (Bild 4)

Eine Beziehung einzugehen bedingt, sich als eigenständige Persönlichkeit zu zeigen. Beziehungsverletzte Menschen haben jedoch gerade damit grosse Probleme – sie trauen sich nicht, sich unverfälscht hineinzugeben. Einer Beziehungsverletzung liegt immer eine Verletzung der Persönlichkeit zugrunde. Bewusst oder unbewusst suchen verletzte Personen eine Rolle, die von ihnen ablenkt. Die Ursachen einer Verletzung können sehr verschieden sein, doch eines ist allen gemeinsam: Sie vermeiden es, sich selbst zu zeigen! Es brauchen deswegen nicht scheue, zurückgezogene Menschen zu sein, man kann sich auch hinter der Fassade eines geselligen Unterhalters verbergen oder als fachkundiger Alleswisser auftreten.

Kontakt findet an der Grenze statt

Jede Kontaktaufnahme mit einem neuen Menschen ist wie das Eintreten in einen fremden Garten.

Dieses Eintreten in den fremden Garten geschieht immer dann, wenn wir uns entscheiden, mit jemandem in Beziehung zu treten. Dabei sind bereits die ersten Schritte aufschlussreich für die Qualität einer Beziehung. Wir setzen uns in einer solchen Situation intuitiv mit folgenden Fragen auseinander: Bin ich hier erwünscht? Ist es mir wohl? Wie nahe darf ich treten?

Jede dieser Fragen benötigt emotionale Aufmerksamkeit. Gehen wir respektvoll auf einen Menschen zu, sind wir darum bemüht, seine Grenzen zu erkennen und ihnen respektvolle Aufmerksamkeit zu schenken. Dies macht die Begegnung wohltuend und beglückend.

Ist die Kontaktaufnahme jedoch durch eigene Wunschvorstellungen getrübt, können wir den Grenzen nicht die nötige Aufmerksamkeit schenken. Eine Beziehung, in der die eigene Bedürftigkeit einen höheren Stellenwert einnimmt als der Respekt vor der anderen Person, endet unweigerlich in einer Grenzverletzung.

In der Vertrautheit eingespielter Beziehungen lauert ebenfalls die Gefahr der Grenzverletzung, da an die Stelle von respektvoller Sorgfalt Vertrautheit und Gewohnheit treten kann.

Kontakt findet jedoch immer und immer wieder neu an der Grenze statt! Nur so ist eine Berührung wirklich eine Berührung. Andernfalls gibt es diese gar nicht, oder sie wird zur Verletzung. Der respektvolle und ehrliche Umgang mit den Grenzen des anderen ist die Grundvoraussetzung für eine gesunde Beziehung.

Berührung ist demzufolge nicht einfach eine Frage der Nähe, sondern ebenso eine Frage der Distanz zu einem Menschen.

Grenzverletzte Menschen verlieren die Sensibilität für die Grenzen des andern. Ihre Kontaktaufnahme ist vom erlittenen Schmerz bestimmt. Ein Zuviel an Nähe oder ein Zuviel an Distanz verhindert, dass das Eintreten in den Garten eine wirkliche Hinwendung zum Du sein kann.

Grenzverletzte Kinder trauen sich meist nicht in die Nähe einer persönlichen Beziehung und wählen den Rückzug als Schutz vor möglicher Verletzung. Aus sicherer Distanz organisieren sie sich alles, was sie für ihr Wohlbefinden benötigen. Sie kompensieren Zuwendung mit materiellen Gütern, erkaufen sich ihre Freunde oder bestehlen diejenigen, von denen sie sich mehr Zuwendung wünschen. Wird ihnen die Einsamkeit unerträglich, haben auch sie die Tendenz, anderen zu nahe zu treten, denn durch ihren Rückzug fehlt ihnen die Vorstellung, was ihr Verhalten bei anderen auslösen kann. Die negative Reaktion auf ihr Zu-nahe-Kommen führt sie unweigerlich wieder ins Schneckenhaus zurück. Meist nehmen grenzverletzte Kinder Zuwendungen unkritisch entgegen und geraten dadurch sehr leicht in missbräuchliche Situationen.

Da das Kind durch seine kindliche Abhängigkeit den Grenzverletzungen schutzlos ausgeliefert ist, hat es ein besonderes Anrecht auf Wahrung seiner persönlichen Grenzen.

Grenzmarkierung

In letzter Zeit ist bei Miriam (8) der spürbare Wunsch gewachsen, sich gegenüber ihrer Familie abzugrenzen, um ihre eigene Privatsphäre aufzubauen. Auch die Beziehung zu mir will sie so wenig wie möglich mit ihrer Mutter teilen. Heute hat Miriam sie deswegen wortwörtlich vor der Tür stehen gelassen.
Miriam: Ich will nicht, dass meine Mutter ins Atelier kommt und dir irgendetwas über mich erzählt, was ich gar nicht will!
Ziemlich aufgewühlt beginnt sie zu malen. Auf einem türkisfarbenen Hintergrund malt sie einen grossen weissen Schneemann.
Miriam: Er ist wütend, weil jemand in seiner Höhle pinkfarbene Tüpfchen an die Wand gemalt hat, die er gar nicht will. Sie sehen zwar schön aus, aber der Schneemann will das einfach nicht, schon gar nicht, wenn er nicht zu Hause ist.

Am Ende dieser Stunde unterhalten wir uns dann noch über ihre eigene «Höhle» zu Hause. Auch dort ist es ihr wichtig, dass niemand etwas macht oder verändert.
Miriam: Das Bild möchte ich gleich nach Hause nehmen und es an meine Zimmertür hängen!
Eine Woche später ist ihre Stimmung versöhnlicher.
Miriam: Ich habe den wütenden Schneemann an meine Zimmertür gehängt. Doch manchmal ist es auch schön, wenn jemand in mein Zimmer kommt.
Wir beschliessen noch einen zweiten Schneemann zu malen. Einer der sich freut, wenn jemand kommt. Ich mache Miriam den Vorschlag eines «Doppelbildes». Sie wird den zweiten Schneemann auf die Rückseite des ersten kleben. So kann sie das Bild umdrehen, je nachdem ob jemand eintreten darf oder nicht. Jeder weiss dann gleich, ob er willkommen ist.
Der erste Schneemann sagt: «Eintreten verboten, ich will allein sein!»
Der zweite Schneemann sagt: «Herzlich willkommen!»

Spieglein, Spieglein an der Wand ...

Ein Spiegel sagt immer die Wahrheit
Tina (10) malt heute das erste Mal in meinem Atelier. Auf Anhieb entsteht eine vertrauensvolle Atmosphäre. Von Anfang an fällt mir bei ihr eine gewisse Orientierungslosigkeit auf. Das erste Bild zeigt bereits, wo ihre Schwierigkeiten liegen.
Tina: Ein Brief, den niemand lesen kann. (Bild 1)
Eines der nächsten Bilder erhält dann eine pragmatische Orientierungshilfe. Tina bemalt zuerst die Reissnägel, mit denen ihr Papier an der Wand befestigt ist. Die Bilder erhalten so eine gewisse Stabilität. Im Bild mit dem Namen «Buchstabensuppe» ist schon mehr Klarheit. (Bild 2)
Mit jeder Malstunde gewinnt Tina an Sicherheit. Es kehrt Ruhe ein. Tina wirkt entspannter, und ihre Bilder werden verständlicher.
Tina: Es fällt weicher, warmer Schnee, wie Federn oder Wattebäusche. Sie fallen an einen schönen, hellen Ort und legen sich dort wie ein weiches Kissen zusammen. Ich kann hineinschlüpfen und mich ausruhen. Es ist einfach schön dort – ein weiches Nest (Bild 3).

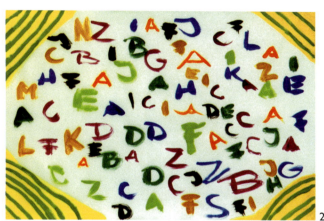

Tina mischt sich für ihr nächstes Bild eine wunderschöne, violett glänzende Farbe, bemalt damit das ganze Blatt und gibt dem Bild zusätzlich einen goldenen Rahmen.
Tina: Es ist ein Wunderspiegel. Man kann ihn um Rat fragen, er weiss einfach alles, und er sagt immer die Wahrheit!
Ich: Ein Spiegel sagt immer die Wahrheit.
Tina: Ja, das stimmt, er kann ja gar nichts anderes!
Er kann nur das zeigen, was er selber sieht. Ein Spiegel sagt immer die Wahrheit; noch wenn er lügen möchte, er könnte es nicht ...

4

Das war auch bei Schneewittchen so, nur hat das der bösen Königin nicht gepasst! (Bild 4)

Ein Spiegel reflektiert das, was er empfängt, unverändert zurück. Er wertet und urteilt nicht, er lässt nichts weg und fügt nichts hinzu. Ein Spiegel setzt keine eigenen Akzente oder Prioritäten.

Nicht immer ist ein Spiegel mit diesen unbestechlichen Eigenschaften ein erwünschter und gern gesehener Gast. Es gibt Momente, in denen wir ihn meiden oder gar fürchten, meist um der ungeschminkten Wahrheit nicht in die Augen sehen zu müssen. Wir sind versucht, das Spiegelbild nach eigenem Gutdünken zu korrigieren, oder wir zensurieren das, was wir nicht sehen wollen, und stellen dafür einen angenehmeren Teil in den Vordergrund. Steht die Wahrheit irgendwann trotzdem unausweichlich im Raum, müssen wir uns fairerweise eingestehen, sie eigentlich schon lange gekannt zu haben. Auch Schneewittchens Mutter kannte die Antwort des Spiegels, wurde aber mit der unausweichlichen Realität nicht fertig.

Während der Spiegel das visuelle Element der Selbstwahrnehmung verkörpert, handelt es sich beim Echo um seine auditive Entsprechung. Hugo Kükelhaus hat in einem seiner Vorträge die Wirkung des auditiven Spiegels wie folgt beschrieben:

Der Mensch besitzt ein grosses Bedürfnis nach Widerhall. Deshalb ist Echoerfahrung für ihn ein wichtiges Element des Gehört-Werdens. Echo erhalten bedeutet: «Ich wurde so gehört, wie ich mich eingegeben habe.» Das Resonanzereignis hat eine befreiende Wirkung. Demgegenüber fühlt er sich in einem schalltoten Raum beengt und verlassen. Die eigene Stimme wird sozusagen aufgesaugt und verstummt im Nichts. Hugo Kükelhaus

Asthmakiller 1. Teil

Roman (8) atmet oberflächlich und hastig. Er spürt, dass ein Asthmaanfall bevorstehen könnte. Die Angst davor erhöht die Gefahr eines Anfalls. In dieser Verfassung malt Roman folgendes Bild:

Roman: Das ist ein Asthmakiller. Es ist ein Schnee-schnell-Töff mit Kanonenrohr. In diesem Asthmakiller fährt ein kleines Häschen. Mit dieser Höllenmaschine braucht es sich nicht zu fürchten. Es wird den Feind besiegen.

Nach der Malstunde schreibe ich in Romans Stundenprotokoll: Sicher ist dies ein wichtiges Bild für Roman. Er mobilisiert Kräfte, um gegen die drohende Atemnot anzutreten. Trotzdem befürchte ich, dass mit diesem Asthmakiller das Problem nicht zu lösen sein wird. Es ist zu viel Angst und Anspannung zu spüren, was ihn unter Umständen erst recht in die Enge (= Atemnot) führen wird. Das kleine, feine Häschen in der Höllenmaschine unterstreicht diesen Eindruck. Die Frage ist bloss: Was braucht Roman in der Enge?

Sein Bild zeigt einen bedrohlichen Zustand und ist ein klares Spiegelbild seiner gegenwärtigen Befindlichkeit. Es ist wichtig, diesen Spiegel auch dann entgegenzunehmen, wenn er den Lösungsweg noch verborgen hält. Etwas erkennen, selbst wenn es überfordernd und schmerzhaft ist, ist der erste Schritt der Heilung.

Narziss
Der wunderschöne Jüngling Narziss sitzt am Ufer eines Teichs und erblickt darin sein eigenes Spiegelbild. Fasziniert von diesem Anblick, kann er nichts anderes mehr wahrnehmen als das Spiegelbild seines Gesichts. Die Nymphe Echo ruft Narziss mehrmals beim Namen. Er überhört ihre Rufe und damit ihren Wunsch, er möge mit ihr in Beziehung treten. Statt dessen verliebt er sich in sein eigenes Spiegelbild und kann den Blick nicht mehr davon abwenden. In diesem Moment wird der schöne Jüngling in eine Blume verwandelt, die bis zum heutigen Tag seinen Namen trägt.

Diese Erzählung aus der griechischen Mythologie verknüpft auf eindrückliche Weise das visuelle Element des Spiegels mit dem auditiven Element des Echos und fordert den Menschen auf, in der Beziehung zu einem Menschen sein Gegenüber zu suchen. Es reicht nicht, sich allein vor einen Spiegel zu stellen oder in einen Wald zu rufen. Erst die Anwesenheit eines anderen Menschen ermöglicht die heilsame Spiegelerfahrung. Der Spiegel des Partners fordert auf, Verantwortung für sichtbar Gewordenes zu übernehmen. Wagen wir den Schritt in spiegelnde Beziehungen nicht und suchen statt dessen den Spiegel in uns selbst, entwickeln wir uns zwangsläufig zu selbstverliebten Narzissten oder bösen Königinnen, die abwechslungsweise durch ihre eigenen Allmachts- oder Ohnmachtsgefühle bestimmt werden.

Verwirrter Garten
Tanja (15) malt schon einige Zeit im Atelier. Ihre mit dem Pinsel gemalten Bilder wirken angestrengt und führen sie nicht zum gewünschten Resultat. Immer wieder manövriert sie sich so in das ihr bekannte Gefühl: «Siehst du, ich kann es nicht!» Erst das Malen mit den Händen vermag diese negative Überzeugung zu durchbrechen. Es entsteht ein Bild, das sie «Verwirrter Garten» nennt.

Ich: Weisst du, wie es ist, wenn man verwirrt ist?
Tanja: Ja, ich fühle mich manchmal so. Ich komme mir oft vor wie ein verwirrter Garten.
Ich: Was bedeutet «Verwirrtsein» für die Blumen auf deinem Bild?
Tanja: Niemand sagt ihnen, wo es durchgeht.
Alles ist zu viel.
Man muss sich selbst einen Platz zum Wachsen suchen.
Eigentlich ist man frei, man hat selbst die Verantwortung, weiss aber nicht, wie man es tun soll.
Nach diesem Spiegelbild ihrer Befindlichkeit beginnt sie in den folgenden Bildern ihren Garten intuitiv zu ordnen. Tanja übernimmt durch mehr Achtsamkeit auch mehr Verantwortung. Dadurch gewinnen ihre Bilder an Klarheit. Zuerst ist es die Blumenvase, die den Blumen zu einer Ordnung verhilft, später schafft der Baumstamm eine deutliche Verbindung zum Boden.
Im nachfolgenden Porträt ist der lebendige Austausch mit einem Gegenüber möglich geworden. Tanja hat mit Hilfe von Spiegelerfahrungen den Schritt zu mehr Selbstbeachtung und Eigenverantwortung unternommen.

Hinzu kommt, dass sie im Atelier eine wunderschöne Spiegelerfahrung durch eine Beziehung machen durfte. Dimitra (11) hat mit Tanja längere Zeit in einer Zweiergruppe gemalt und Tanjas Auseinandersetzungen miterlebt. Dimitra malt ihre Bilder mit sorgfältiger Hingabe. Damit hat sie Tanja sehr geholfen, ihre Gleichgültigkeit zu überwinden.

Während des Malens haben die beiden viel über die Problematik gesprochen, in der Schule ausgelacht zu werden, weil man in den Augen der anderen entweder nicht richtig angezogen oder weil man zu dick sei. Während Dimitra diesem Druck mit gesundem Selbstwertgefühl besser standzuhalten weiss, lässt sich Tanja verunsichern und reagiert darauf mit Resignation und einer sich selbst abwertenden Gleichgültigkeit.

Dimitra und ich spüren bei Tanja oft den Schmerz, der mit «egal wie ich bin, es ist nicht gut», umschrieben werden könnte. In einer Einzelstunde äussert Dimitra den Wunsch, für Tanja ein Bild zu malen.

Dimitra: Tanja ist doch gut so, wie sie ist! Wäre es doch einmal Mode, alle herausgeputzten Damen und dünnen «Stecklein» auszulachen, dann wüssten sie endlich, wie gemein das ist!

Dimitra macht den Vorschlag, ein Porträt von Tanja zu malen.
Dimitra: Es ist dann, wie wenn Tanja sich im Spiegel sehen würde! Das Bild heisst: Tanja, du bist schön!

Dimitra malt dieses Bild mit unendlicher Sorgfalt und Liebe. Für mich sind es dichte und sehr berührende Momente der Begleitung.

Auf das unerwartete Geschenk reagiert Tanja verständlicherweise überrascht und ein wenig verlegen. Sie gewinnt aber danach in kurzer Zeit deutlich an persönlicher Stärke, wirkt sicherer in ihrem Auftreten, was auch beim Malen durch eine grössere Präsenz und Achtsamkeit zu spüren ist.

Heilender Humor

> Jeder Mensch hat gewissermassen eine Landkarte im Kopf, auf der seine früheren Erfahrungen mit sich selbst und andern Menschen eingezeichnet sind. Diese Karte benutzt er als Orientierung, ohne dass dies ihm bewusst sein muss. Eine humorvolle Äusserung bezieht sich immer auf diese Karte, während die Integrität der Persönlichkeit in jedem Fall gewahrt wird.
>
> Eleonore Höfner und Hans-Ulrich Schachtner

Ein humorvoller Mensch besitzt die Fähigkeit, über sein eigenes Verhalten zu lachen. Im zwischenmenschlichen Kontakt entfaltet sich Humor wie ein wohlriechender Duft, der im Laufe der Zeit die Atmosphäre eines Raumes bestimmt. Humor kann nicht einfach «gemacht» werden. Es handelt sich vielmehr um eine Qualität, die sich in einer Begegnung entwickeln kann.

Humor lebt von Widersprüchen, Unzulänglichkeiten und Überzeichnungen menschlichen Verhaltens. Gelingt es, über eigenes Verhalten zu lachen, befreit Humor aus der Enge eingespielter Verhaltensmuster und ermöglicht so, durch die gewonnene Distanz neue Wege zu suchen.

Obschon die Fähigkeit zum Humor in uns allen schlummert und der Mensch als einziges humorvolles Wesen dieser Erde gilt, braucht es bestimmte Bedingungen, damit er sich entwickeln kann. In erster Linie ist das ein offenes und wohlwollendes Beziehungsklima. Humor verdient seinen Namen nur dort, wo ich als Person geschätzt und akzeptiert bin. Nur in einer Umgebung, in der ich mich wohl fühle, kann sich Humor überhaupt entwickeln. Schwingt Ärger, Enttäuschung, Belehrung oder Ablehnung mit, so verdient diese Situation die Bezeichnung «Humor» nicht. Falsch verstandener Humor wird zu Recht als zynisch und verletzend empfunden. Humorvolles Lachen hat nichts mit auslachen oder sich lustig machen zu tun. Unser Lachen bezieht sich immer auf ein widersprüchliches Verhalten oder eine ausserordentliche Situation, während wir der Person trotzdem jederzeit liebevoll gegenüberstehen.

Humor kann also nur dort gelingen, wo die Beziehung zu einem Menschen offen und geklärt ist. Gerade deshalb nimmt der Humor in meiner Arbeit einen zentralen Stellenwert ein. Dort, wo Humor nicht möglich ist, bin ich gezwungen, die Beziehung genauer unter die Lupe zu nehmen und mich zu fragen, ob es darin unausgesprochenen Ärger, eine ungeklärte Verletzung, Ablehnung oder Eifersucht gibt.

> Humor ist so etwas wie das «Fieberthermometer» einer Beziehung.

Es gibt Menschen, bei denen es mir trotz wohlwollender Offenheit schwer fällt, humorvoll zu sein, da humorvolle Äusserungen bei ihnen ängstliches Misstrauen auslösen. Humorlose Menschen sind in ihrer Persönlichkeit verletzte Menschen. Sie leben mit Gefühlen der Scheu, der Scham oder der Schuld. Die Freiheit zum Humor fehlt ihnen, weil sich in einem verletzenden Umfeld kein Humor entwickeln kann.

Um über die eigenen Torheiten lachen zu können, braucht es zudem eine gewisse geistige und psychische Reife. Diese hat das Kleinkind noch nicht. Es nimmt noch keine Distanz ein, da es zu stark mit dem beschäftigt ist, was sich in seiner unmittelbaren Nähe befindet.

Doch gerade sein unbeholfenes Verhalten bringt uns Erwachsene oft zum Lachen. Nicht immer findet das Kind dieses Lachen ebenfalls lustig und reagiert entsprechend verletzt oder ablehnend. Für die Entwicklung seines Humors ist es sehr entscheidend, wie wir mit einer solchen Situation umgehen: Belustigen wir uns auch noch an seiner beleidigten Reaktion, kann sich kein Humor entwickeln. Das Kind wird sich gekränkt zurückziehen und in seiner Not sein Handeln rechtfertigen. Es bleibt gefangen in der Enge und Kontrolle seines eigenen Verhaltens. Vielleicht erkennt es darin zwar die Erfolg versprechende Clownrolle, doch darunter verbirgt sich zunehmend ein Gefühl der Unzulänglichkeit, was wiederum nichts mit Humor zu tun hat.

Humor ist, wenn wir beide lachen.

Begegnen wir dem Kind jedoch mit Verständnis, kann es durchaus sein, dass es seine Torheiten schon bald belustigt annehmen kann. Wenn es spürt, dass seine Person akzeptiert und liebevoll geschätzt wird, hat es die besten Voraussetzungen, um dem Humor in seinem Leben einen Platz zu geben.

Daneben sein

Fabienne (11, siehe Seite 74) malt völlig in sich gekehrt an einem Bild, das ihr nicht recht gelingen will. Meine Begleitung sucht sie nur, um sie gleich wieder als unbrauchbar über den Haufen zu werfen.
Ich: Oh, Fabienne, ich komme ins Schwitzen! Ich befürchte, heute ist wieder einmal ein Tag, an dem ich gar nichts machen kann, weil ich einfach daneben bin.
Fabienne lacht: Ja, das stimmt!
Danach bleiben wir beide lachend stehen.
Ich: Kannst du mir weiterhelfen?
Fabienne: Ja, ich sage dir dann, wenn es vorüber ist!

Abschied vom Disneyland

Meine Beziehung zu Jasmin (6, siehe Seite 30) ist immer noch suchend und verhalten. Sie scheint etwas Zerbrechliches zu haben. Oft ist zwischen uns ein fast zaghaftes Vortasten spürbar, nur um einander ja nicht zu nahe zu treten.
Ich spüre eine gewisse Furcht, verletzend oder unverständlich zu sein. Nicht auszuschliessen ist, dass es ihr mit mir ebenso ergeht.
Auf Jasmins Bild entsteht das Porträt einer Mickey-Mouse.
Jasmin: Ich glaube, mein Bild ist fertig, es ist eine Mickey-Mouse.
Ich: Ist deine Mickey-Mouse draussen, oder ist sie in einem Raum? Hast du eine Ahnung, wie es dort aussehen könnte?
Jasmin: Nein, ich weiss es nicht, aber irgendwie sieht sie aus wie auf einer Foto.
Ich: Sieht man auf der Foto auch noch, wo sie gemacht wurde?
Jasmin: Weisst du, es ist eine Foto aus einem Fotoautomaten.
Jasmin malt anschliessend noch die graue Rückwand des Automatenhäuschens. Sina (8), die neben Jasmin malt, hat den Dialog aufmerksam mitverfolgt.
Ich: Jasmin, hast du eine Ahnung, aus welchem Grund die Mickey-Mouse sich fotografieren lässt?
Sina: Ja, natürlich, sie will sich einen Pass machen lassen, damit sie endlich das doofe Disneyland verlassen kann. Sie hat nämlich schon lange genug davon und möchte endlich etwas anderes sehen von dieser Welt!
Jasmin und ich stehen überrascht und erstaunt vor dem fertigen Bild. Sinas Ausspruch kam so spontan.
Jasmin beginnt zu lachen: Ja, das stimmt ganz genau!
Immer wieder schaut sie auf ihr Bild, dann wieder zu Sina – und lacht.
Dieses Erlebnis ist befreiend für alle und hat unsere Beziehung auf erfrischende Weise entkrampft. Zugleich ist es der Beginn einer «Malatelierfreundschaft» zwischen der sorgfältigen Jasmin und der spritzigen spontanen Sina.

Blockaden und Störungen in der kindlichen Entwicklung

Die ideale Kindheit gibt es nicht

Jedes Kind bringt bei seiner Geburt eine Unversehrtheit mit, die ihm nicht sein Leben lang erhalten bleibt, denn früher oder später wird auch es überfordernde, schmerzliche und verletzende Lebenserfahrungen machen. Gelingt es den Erwachsenen, dem Kind auch in schwierigen Zeiten unterstützend beizustehen, sind schmerzhafte Erfahrungen nichts anderes als Reifeprüfungen. Trotzdem ist es verständlich, dass aufmerksame Eltern ihre Kinder vor diesen Erfahrungen zu bewahren versuchen. Doch bei aller guten Absicht, es wird ihnen nicht gelingen!

Dornröschen 1. Teil

Einem Königspaar wird ein lang ersehnter Wunsch erfüllt, sie werden Eltern einer Tochter und nennen ihr Kind Dornröschen. Der König organisiert ein grosses Fest, zu dem auch zwölf weise Frauen eingeladen sind. Jede dieser Frauen gibt Dornröschen eine Voraussage mit auf den Lebensweg. Die dreizehnte weise Frau, die man in dieser Rolle als Schicksalsgöttin bezeichnen kann, gehört nicht zu den geladenen Gästen, was sie aber nicht daran hindert, dem Kind ihre Voraussage trotzdem zu überbringen. Sie prophezeit, dass sich Dornröschen an seinem dreizehnten Geburtstag an einer Spindel stechen und tot umfallen werde. Nur eine Frau hat zu diesem Zeitpunkt ihre Voraussage noch offen. Sie kann die vorhergehende Prophezeiung zwar nicht ungeschehen machen, spricht aber nicht mehr vom Tod, sondern vom hundertjährigen Schlaf des ganzen Königshauses.

Voller Angst unternimmt der König alles, um dieses Unheil abzuwenden. Es gelingt ihm aber nicht, das vorbestimmte Schicksal seiner Tochter zu verhindern. Trotz aller Kontrolle wird am besagten dreizehnten Geburtstag des Kindes die Besorgtheit vergessen! Die Eltern verlassen das Schloss, und Dornröschen nimmt sein Schicksal in die eigene Hand, auch wenn es riskiert, sich dabei zu verletzen.

In jedem Leben gibt es Unzulänglichkeiten, Verletzungen, Enttäuschungen und Schicksalsschläge wie Verlust, Krankheit oder Tod. Wir können unsere Kinder weder vor Überforderung, Schmerz und Entbehrung noch vor ihrem eigenen Schicksal bewahren.

Dabei ist nicht nur entscheidend, was das Kind erlebt, sondern vor allem, wie auf sein Erleben eingegangen wird. Selbst traumatische Erlebnisse können in der Auswirkung nicht nach ihrer Schwere katalogisiert werden. Ein Trauma und dessen Auswirkung lässt sich nicht an der Situation selbst messen, sondern an der psychischen oder physischen Störung, die dadurch hervorgerufen wird, sowie an den Möglichkeiten, diese zu verarbeiten.

Es kann also sein, dass ein von aussen gesehen harmloses Ereignis innerlich tiefe Spuren hinterlässt, die unter Umständen nicht als solche erkannt werden. Andererseits kann eine traumatische Situation bei entsprechender Aufmerksamkeit und Begleitung durchaus integriert werden, wenn auch als schmerzhafte Lebenserfahrung.

Kreativität – die nützliche Werkzeugkiste

> Überlebensstrategien
> Jedes Zufrüh, Zuspät, Zuviel, Zuwenig im Zeitraum der kindlichen Entwicklung führt zu Überlebensstrategien.
>
> Bettina Egger

Das Kind sucht sich aufgrund seiner äusseren Bedingungen immer die ihm optimal erscheinende Strategie, um seinen Bedürfnissen gerecht zu werden und um so seine Entwicklungschancen zu verbessern. Die Kreativität dient ihm dabei als nützliche Werkzeugkiste. Hier findet es fast alles, um sich auch in Lebenssituationen, die durch Schmerz und Bedürftigkeit geprägt sind, zurechtzufinden – Not macht ja bekanntlich erfinderisch! Kreativität entsteht immer durch Einschränkung und zeichnet sich dadurch aus, dass der Mensch fähig ist, nach unkonventionellen Lösungen zu suchen. Überlebensstrategien zeugen vom erfinderischen Talent und sind eine wichtige Erfahrung.

Doch die nützliche Werkzeugkiste wird zur rettenden Trickkiste, wenn die schmerzhafte Schattenseite der Kreativität nicht erkannt wird, denn es sind Entbehrung, Not und Angst, die den Menschen dazu brachten, aktiv zu werden!

Bleibt Kreativität in der Angst stecken, wird sie sich nicht über die Trickkiste hinaus entwickeln können. Die ursprünglich kreativen Lösungsansätze enden in der Abhängigkeit, sich der Strategie entsprechend verhalten zu müssen. Ihr Erkennungsmerkmal ist die Zwanghaftigkeit, mit der ein Verhalten immer wieder gelebt werden muss.

Gerade dieser Umstand widerspricht jedoch dem Wesen der Kreativität. Ihr volles Potenzial entwickelt sie nur dort, wo die Situation auch spielerische Elemente zulässt. Ein wirklich kreativer Mensch bleibt nicht in der Not gefangen. Er geht durch sie hindurch, sucht die Einschränkung und erlebt sie als lustvolle Herausforderung. Er spielt mit den sich bietenden Umständen und benützt sie als kraftvolle Gegenspieler.

> Als Pädagogen müssen wir lernen, dass jedes Verhalten eine positive Absicht beinhaltet. Einer Absicht liegt immer ein bestimmtes, manchmal dringendes Bedürfnis zugrunde, welches es auch dann zu erkennen gilt, wenn das Verhalten auf uns noch so negativ wirkt.
>
> Daniela Blikhan

«Auffallendes Verhalten lohnt sich!» Unter dem Gesichtspunkt des Optimierens eigener Entwicklungschancen ist es durchaus im Sinne einer Strategie, dass diese Erfolg bringen soll! Es kann also nicht pädagogisches Ziel sein, ihr einfach den sich lohnenden Aspekt zu nehmen.

Wenn Eltern bereit sind, in einem gemeinsamen Prozess Veränderungen einzugehen, kann das Kind seine Strategie wieder loslassen. Nicht selten gründen solche Strategien auf ungelösten Lebensmustern der Eltern. Durch die erkannte Notsituation der Kinder erhalten auch sie eine persönliche Wachstumschance.

Angst und Enge

Jeder blockierende Einfluss einer Entwicklung führt den natürlichen Lebensfluss in die Enge. Er vermindert Wahlmöglichkeiten wie Entscheidungsfreiheit und bringt eine erhöhte Kontrolle mit sich. In der Enge richtet das Kind seine Aufmerksamkeit nur noch auf sich selbst, trennt sich vom Lebensfluss seiner Umgebung ab, trägt nicht mehr mit am sozialen Netz und wird dadurch selbst nicht mehr getragen, was die Situation der Enge noch verstärkt. Das Wort Enge ist mit dem Wort Angst verwandt, das seinen Ursprung im lateinischen Wort «angustus» hat und nichts anderes als «eng» bedeutet.

Die Auflösung von Angst oder Enge bewirkt dementsprechend ein Gefühl von Weite und Offenheit. In meiner Arbeit als Begleiterin begebe ich mich mit dem Kind in seine Enge, suche mit ihm nach Wegen, auf denen sich das enge Tal wieder öffnet und es den Blick einem weiteren Horizont zuwenden kann.

Am Beispiel der Atmung können wir diesen Vorgang sehr deutlich nachvollziehen. Hier erleben wir hautnah, wie bedrohlich Enge oder Atemnot sein kann und wie befreiend Weite im Sinne des tiefen Durchatmens auf uns wirkt. Die Erinnerung an Romans «Asthmakiller» (siehe Seite 87) drängt sich auf. Wenn ich mir jetzt nochmals die Frage stelle, was Roman weiterhelfen könnte, heisst die Antwort ganz einfach: Weite.

Nach einem intensiven Malprozess, in dem es immer klarer wurde, wie wichtig es für ihn ist, sich anderen zuzumuten und sich vom Leben nicht selbst auszugrenzen, entsteht folgendes Bild:

Asthmakiller 2. Teil: Das grosse Ausatmen

Bei den Mischfarben entdeckt Roman (8) ein ganz besonderes, silbern glänzendes Dunkelgrau. Er findet, dies sei genau die richtige Pottwalfarbe. Damit beginnt eine grosse Arbeit. Es entsteht ein 12-teiliges Bild (1,2 x 2,2 m), in das auch ich aktiv mit einbezogen bin. Er benötigt meine Hilfe, sei es, um Papier aufzuhängen, Farbe nachzumischen usw.

Roman: So, jetzt kommt das Wichtigste: die Wasserfontäne! Der Pottwal ist nach oben gekommen, um auszuatmen. Es gibt eine Riesenfontäne!

Mehrmals atmet Roman beim Malen der Fontäne hörbar aus. Immer und immer wieder holt er sich die Farbe des Wassers und malt mit Unterstützung des eigenen Ausatmens diese so wichtige Fontäne.

Das ist es, Romans grosses Ausatmungsbild. Gleichzeitig ist es das erste Bild, an dem ich mich als aktive Partnerin beteiligen konnte.

> Ein aus der Enge in die Weite führender Weg ist vergleichbar mit einem Zustand der Erlösung, indem sich Angst auflöst. Eine Lösung zeichnet sich also dadurch aus, dass etwas Behinderndes nicht mehr existiert, sich aufgelöst hat.

Goldene Vorräte
Angela (6) geht seit einem halben Jahr in den Kindergarten. Noch traut sie sich nicht, den Weg dorthin allein zu gehen, und wirkt auch im Kindergarten sehr schüchtern und ängstlich. Der Kindergarten ist für sie eine grosse, vielleicht noch zu grosse Herausforderung.

Auch mir gegenüber ist sie sehr zurückhaltend. In der ersten Stunde spricht sie kein Wort. Es kommt kaum zu einem Blickkontakt zwischen uns. Mit dem Malen scheint sie jedoch vertraut zu sein und beginnt, ohne zu zögern, mit der Arbeit. Auf dem ersten Bild malt sie ein Haus mit geschlossenen Fensterläden und verschlossener Tür. Am Himmel sind zwei dicke Schneewolken, die aber keine einzige Schneeflocke aus sich herausfallen lassen. Der Rest des Bildes bleibt leer.

In der nächsten Stunde wachsen auf ihrem Bild Blumen auf einer Wiese. Jede neu gemalte Blume ist grösser als die vorhergehende. Die dicken Regenwolken am Himmel beginnen auf einmal zu regnen.

Auf ihrem dritten Bild sind am unteren Bildrand zwei halbrunde Mauselöcher zu sehen, ein Eingang und ein Ausgang. Den Rest des Bildes malt sie flächig gelb aus.

Angela: Der Mäusegang geht unten durch.
Ich hänge ihr ein Stück Papier unter die Mauselöcher, damit man den Mäusegang ebenfalls sehen kann.
Angela: Eine Maus bringt ein goldenes Stück Käse in ihren Vorratsraum.

Langsam gewinnt Angela an Vertrauen. Ähnlich, wie die Blumen zu wachsen beginnen und die dicken Wolken ihre Tropfen fallen lassen, beginnt auch sie sich zu öffnen und entdeckt dabei ihre eigenen «goldenen Vorräte». Allmählich meistert sie in dieser Zeit auch den Weg in den Kindergarten allein und beginnt sich in der grossen Kindergartengruppe zu integrieren.

Ein Jahr später malt sie nochmals im Atelier. Nicht ein besonderes Problem steht diesmal im Vordergrund. Es ist den Eltern ganz einfach wichtig, Angelas Selbstwertgefühl in Bezug auf den Schuleintritt zu unterstützen. Angela malt folgendes Bild:
Angela: Auf einer Wiese blüht eine Blume. Unter dem Gras sind Erde und Steine. Ganz zuunterst ist wieder der Mäusegang.

Wie beim Mäusebild vor einem Jahr muss ich Angela auch hier ein Stück Papier ansetzen, damit man den Mäusegang sehen kann.
Angela: Die Maus holt sich ihr erstes Stück Käse aus dem Vorratsraum. Sie bringt es in die Küche. Jetzt kann sie es gerade gut gebrauchen. Gut, dass sie einen Vorrat hat!

1. November

Die Kinder der heutigen Malgruppe haben morgen alle schulfrei. Es ist der erste November.
«Weshalb ist dieser Tag eigentlich ein Sonntag?», fragt mich eines der Kinder.
Ich: An diesem Tag erinnern sich die Leute an die Verstorbenen in ihrer Familie oder an verstorbene Freunde. Sie gehen vielleicht in die Kirche oder besuchen ein Grab auf dem Friedhof.
Simone (10) hört mir nachdenklich zu und nickt. Ich bleibe ganz bewusst in ihrer Nähe. «Ja, das stimmt», flüstert sie mir zu.
Vor noch nicht allzu langer Zeit ist es in ihrer Familie zu einem tragischen Todesfall gekommen.
Auf ihrem nächsten Bild ist eine Höhle zu sehen. In dieser Höhle brennt ein Feuer.
Simone: Im Feuer hat es Knochen und einen Totenkopf. Es ist nämlich jemand gestorben.
Simone lässt das Bild so stehen. Ich spüre eine starke Nähe zu ihr, ohne dass ich weiter auf das Bild eingehe. Danach malt sie in derselben Stunde noch ein zweites Bild.
Simone: Luft, viel Luft und Himmel. Unten hat es eine Wiese und ein Kind, das dort spielt. In der Luft schwebt ein Ballon mit einem lieben Gesicht. Er schwebt ganz leicht in der Luft und kommt überall dorthin mit, wo unten auf der Erde das Kind hingeht … es ist gut so!

> Schmerzhafte Situationen der Angst und Enge gibt es immer wieder im Leben des Kindes. Es geht nicht darum, diese zu beseitigen, sondern dem Kind Erfahrungen zu ermöglichen, die ihm zeigen, dass es Wege gibt, aus der Enge wieder in die Weite zu finden.

Die Unterdrückung natürlicher Aggression

Ein Tiger wird gefährlich, wenn man ihn einsperrt
Reto (7) steht lange vor seinem eben fertig gestellten Bild und betrachtet dieses aufmerksam. Vor allem fällt die Umgebung des Tigers auf. Mir ist unklar, wo er sich befindet.
Ich: Weisst du, wo der Tiger sich befindet?
Reto: Ja, zuerst war er im Urwald, aber jetzt ist er in einem Käfig. Jäger haben ihn gefangen und eingesperrt.
Ich: Wie geht es ihm im Käfig?
Reto: Nicht so gut, er möchte hinaus, aber die Menschen haben Angst vor ihm. Das Dumme ist nur, je mehr sie Angst haben, umso mehr sperren sie ihn ein. So wird er aber auch immer gefährlicher.

In dieser Äusserung steckt eigentlich bereits alles, was es zum Thema Aggressionsunterdrückung zu sagen gibt. Sicher wäre ein frei laufender Tiger eine Bedrohung, und es bliebe uns zum eigenen Schutz nichts anderes übrig, als ihn in einem Käfig zu halten. Doch aus der Sicht des Tigers enthält Retos Geschichte verschiedene Elemente, die zum Ausdruck bringen, dass die ursprüngliche Lebendigkeit eines Kindes in unserer Erwachsenenwelt zum Verhängnis werden kann. Setzen wir an die Stelle des gefährlichen Tigers das Kind, stellt dieses Bild die Frage:

Fürchten wir uns vor der Urlebendigkeit des Kindes?

Das Kind begegnet uns in seinem unermüdlichen Interesse, die Welt zu erfahren, mit so viel Lebendigkeit und

Vitalität, dass wir kaum mitzuhalten vermögen. Es verfügt über erstaunliche Energiequellen und zwingt uns, Fragen zu unserem eigenen Energiehaushalt zu stellen: Sind diese Energiequellen bei uns versiegt? Was macht uns denn so träge? Ist es die Bequemlichkeit, die Angst vor Unbekanntem, der Schutz vor Auseinandersetzung? Benutzen wir unsere Kräfte, um die eigene Lebendigkeit zu unterdrücken?

Gehen wir zurück zur Geschichte des eingesperrten Tigers: Von Natur aus ist er nicht aggressiver, als er dies für seine Lebensgestaltung sein muss. Im Käfig wird ihm jedoch sein natürlicher Lebensraum und somit auch das Betätigungsfeld seiner natürlichen Aggression entzogen. Dieser Umstand macht ihn unberechenbar. Erst unterdrückte und blockierte Energie führt zu Gewalt und Zerstörung.

Der Begriff Aggression ist in unserer Gesellschaft sehr negativ besetzt. Er wird meist nicht mehr als positive Antriebskraft verstanden und ist als solche in unserer Konsumgesellschaft auch nicht mehr nötig. Waren es früher Gründe der Autorität und Moral, die zur Hemmung natürlicher Aggression führten, ist es heute die Konsumhaltung des Menschen, die seine Fähigkeit zur Aggression unterdrückt beziehungsweise überflüssig macht.

Im zwischenmenschlichen Bereich ist Aggression mit unangenehmen und verletzenden Gefühlen wie Wut und Zorn verbunden. Trotzdem ist die Fähigkeit zur Aggression auch hier eine notwendige Möglichkeit des Verhaltens, die als solche gelernt und integriert werden will. Wenn Aggression auf die unbewusste psychische Ebene verbannt wird, entsteht ein Stau, nicht zugelassene Gefühle werden heimlich geschürt, was zu einer gewalttätigen Eskalation führen kann.

Ärger, Wut und Zorn sind menschliche Reaktionen auf Situationen der Enttäuschung, des Verlusts, der Feigheit und Ungerechtigkeit. Der Umgang mit diesen Gefühlen sollte dem Kind nicht bloss erlaubt sein, vielmehr

braucht es erwachsene Unterstützung, um mit solchen schwierigen Emotionen und deren Auswirkung auf die Umwelt zurechtzukommen.

«Beragumi»
Sandra (8) kommt sehr angespannt und emotionsgeladen ins Atelier. Die Tür fliegt mit einem lauten Knall ins Schloss.
Sandra: Ich hatte Streit. Heute braucht gar niemand mit mir ins Atelier zu kommen!
Sie steht trotzig vor dem Maltisch und betrachtet mit finsterem Blick die verschiedenen Farben.
Sandra: Ich brauche einen Wutpinsel!

Sandra holt sich einen grossen dicken Pinsel. Sie ist nach wie vor sehr aufgewühlt.
Ich: Sandra, nimm jetzt die Farbe, die zu deiner Wut passt, und streiche sie mit dem Wutpinsel, so wütend, wie du bist, auf das Papier.
Jetzt geht alles ganz schnell. Sandra spricht kein Wort und beginnt sofort zu malen. Innerhalb kürzester Zeit hat sie mehrere Farben auf ihrem Papier verteilt. Schliesslich steht sie trotzig vor ihrem Werk, stampft kräftig auf den Boden und sagt laut zu ihrem Bild: «Beragumi!»
Sandra: Dieses Wort habe ich selbst erfunden, es ist das Wort für meine Wut. Es bedeutet einfach, dass das jetzt meine Wut ist.
Danach holt sie noch einen Pinsel blaue Farbe, malt einen blauen Balken an den unteren Bildrand und schreibt darauf das Wort «Beragumi».
Sandra: So, das ist meine Unterschrift!

Die Wut zuzulassen, ihr sogar einen Namen geben, ist zweifellos ein wichtiger Teil der Arbeit mit Sandra. Doch allein durch das Ausagieren von Wut kann ihre Problematik nicht gelöst werden. Hinter der Wut ist immer eine Verletztheit oder unterdrückte Verletzbarkeit zu erkennen. Das Berührende und in diesem Sinne Heilende für Sandra ist das Erkennen des Feinen und Zarten, das sich hinter ihrer Wut versteckt.

Schmetterlingsflügel
Nach ihrem ersten Bild malt Sandra sehr genüsslich und lustvoll leuchtend rote, weiche Formen auf ihr Bild. Zufällig ergibt sich daraus eine Form, die wie ein Schmetterling aussieht.
Sandra: Jetzt male ich ihm noch die schönen Muster auf die Flügel.

Die roten Schmetterlingsflügel sind noch nass. Sandra muss die Farbe für die Muster sorgfältig und völlig ohne Druck aufmalen, damit sich die einzelnen Farben nicht mit dem roten Untergrund vermischen. Sandra wird dabei ganz still. Mit unendlicher Behutsamkeit haucht sie ihrem Schmetterling die Farbmuster auf.

Aggressionsprobleme entstehen immer durch chronische Unterdrückung natürlicher Aggression. Es entsteht eine andauernde Spannung, die sich im Lauf der Zeit in einer Anhäufung ungelöster Konflikte aufschaukelt, um sich dann unweigerlich gewaltsam zu entladen. Erst nach dem Ausbrechen aus dieser Negativspirale werden die darin festgebundenen Energien frei, um im eigentlichen Sinn des Wortes für statt wie zuvor gegen etwas eingesetzt zu werden.

Das reine Ausagieren unterdrückter Aggression verfehlt deshalb seine Wirkung, weil es vorhandene innere Spannung nicht löst, sondern oft sogar noch erhöht. Ziel ist, in der Spannung den Schmerz zu erkennen und das verletzte Kind darin anzunehmen. Begegne ich einem Kind in einer akuten Not- oder Schmerzsituation, ist es mir dankbar, wenn ich den für mich sichtbaren Schmerz anspreche. Nicht selten wird eine Spannung auf emotionaler, aber auch auf körperlicher Ebene durch Tränen erlöst. Diese bedeuten längst nicht immer Trauer. Wir kennen auch Tränen der Freude, der Berührung oder der Überforderung. Auf eine bedrohliche Lebenssituation folgen Tränen der Befreiung. So können wir annehmen, dass ihnen immer eine Lebenssituation vorausgegangen ist, die zu erhöhter emotionaler Spannung geführt hat. Eine Spannung, die sich jetzt in Tränen auflösen kann.

Miro
Miro (7) lebt anderen Kindern gegenüber in einem grossen Misstrauen. Oft hat er das Gefühl, alle seien gegen ihn. Er betrachtet diesen Zustand schon fast als normal. Entsprechend heftig sind seine Verteidigungsattacken, die von den Betroffenen jedoch meist als Angriff interpretiert werden.
Ich: Die andern sagen, dass du sie angegriffen hast.
Miro: Aber warum glaubt es mir denn niemand? Warum bin ich immer selber schuld? Und du, glaubst jetzt nicht einmal du, dass es so ist, wie ich es dir sage?
Als er diese Worte spricht, bricht auf einmal die ganze Verzweiflung aus ihm heraus. Er hält mich fest, schaut mir fragend in die Augen und beginnt untröstlich zu weinen.

Sonja
Sonja (8) wird von den anderen Kindern oft ausgelacht, weil sie stark übergewichtig ist. Mehrmals haben wir schon darüber gesprochen und nach Wegen gesucht, die sie aus dieser Situation befreien könnten. Heute ist sie auffallend still und beginnt zu malen, ohne sich vorher über das Verhalten anderer Kinder zu beklagen. Plötzlich setzt sie sich hin und schaut in eine Ecke.
Ich: Sonja, bist du traurig?
Sonja: Mit einem tiefen Seufzer holt sie Luft und will mir etwas erzählen. Doch schon beim ersten Laut bleiben ihr die Worte in der Kehle stecken. Schluchzend beginnt sie zu weinen. Alles, was sie mit der Zeit sagen kann, ist: «Es geht mir einfach nicht gut!»
Ich setze mich zu ihr hin.
Ich: Ich kann dich verstehen, du brauchst dich nicht zu erklären. Wähle ein paar Farben, von denen du weisst, dass du sie gerne hast, und male ein Bild nur für dich, eines, das dir gut tut!
Sonja malt die ganze Stunde am selben Bild. Ab und zu seufzt sie tief. So konzentriert, so sinnlich habe ich sie noch nie erlebt.

Markus
Markus (6) ist sehr schüchtern. Er wirkt dünnhäutig und verletzlich. Ich bin erstaunt, als mir seine Mutter von den aggressiven Ausbrüchen erzählt, die nicht nur im Kindergarten, sondern auch zu Hause zu überfordernden Situationen führen. Markus zeigt sich mir von einer ganz anderen Seite. Erst mit der Zeit werden seine Aggressionen in Form von Verweigerungen sichtbar. So weigert er sich zum Beispiel, eine Malschürze anzuziehen oder die

Hände zu waschen. Vor allem solange sich seine Mutter im Atelier befindet, unternimmt er fast alles, um sich quer zu stellen. Einmal trägt sie ihn als zappelndes Bündel ins Atelier.
Markus: Ich will gar nicht malen!
Seine Mutter: Ich weiss nicht, was mit ihm los ist.
Markus: Sei du still!
Seine Mutter und ich verständigen uns ohne Worte. Sie deutet mir an, dass sie uns beide vielleicht besser allein lässt. Kaum ist sie weg, stellt sich Markus wie eine Salzsäule in die Ecke des Ateliers und blickt zu Boden. Ich kauere mich wortlos neben ihn, streiche ihm über den Rücken und massiere ihm leicht Nacken und Schulterpartie. Zuerst ist er völlig steif und abweisend. Ab und zu blickt er mich aus den Augenwinkeln an, kehrt sich aber immer sofort wieder von mir weg. Plötzlich beginnt er tief und seufzend zu atmen, schliesst die Augen, lehnt sich an mich, und nach kurzer Zeit schläft er ein. Ich setze mich, zu ihm in die Ecke des Ateliers und halte ihn schlafend bei mir, bis ihn schliesslich seine Mutter wieder abholt.

Integration statt Ausgrenzung

Wir alle kennen die Angst, durch andere ausgegrenzt zu werden. Dieses Gefühl findet seinen Nährboden dort, wo jemand sein Selbstbild auf Kosten anderer aufpoliert. Meist unbewusst sucht man sich dazu jemanden, der weniger gut oder weniger stark ist, als man es von sich selbst glaubt.

Ausgrenzungen sind nichts anderes als die Schatten einer Person, die sich nur dann als wertvoll oder dazugehörig erlebt, wenn sie andere als schlechter oder randständiger hinstellen kann, als sie es von sich selbst vermutet. Wer seine Stärken an den Schwächen anderer misst, begibt sich in eine erhöhte Position, die nichts über seine Fähigkeiten aussagt und seine Schwächen vergessen lässt.

Ausgrenzungen werden so zum Grundstein für Feindbilder. Hat sich eine Gruppe ein gemeinsames Feindbild erschaffen, erlebt sie sich als solidarisch und verleiht ihren einzelnen Mitgliedern eine vordergründige Sicherheit. Da diese Solidarität aber nur mit Hilfe von Feindbildern aufrechterhalten werden kann, muss die Gruppe immer jemanden dazu benützen. Ihre Solidarität gründet somit auf der latenten Angst, selbst ausgegrenzt zu werden, was einen enormen Gruppendruck mit sich bringt.

Beim Spiel mit einem Gong kann es vorkommen, dass unvorsichtigerweise ein Instrument zu Boden fällt. Sein Klang ist dann nicht mehr rund, voll und wohlklingend. Er scherbelt, und seine Schwingungen sind gestört, blockiert oder unterbrochen. In einem solchen Fall hänge ich den Gong einfach in einen Raum, wo mit andern, «gesunden» Gongs gespielt wird. Der «kranke» schwingt sich mit der Zeit an den gesunden Schwingungen der anderen Gongs wieder ein.

Hugo Kükelhaus

Dieses Zitat aus einem Vortrag von Hugo Kükelhaus zeigt, was mit Integration statt Ausgrenzung gemeint ist. Übertragen wir dieses Beispiel auf ein störendes Kind, heisst das nicht, dass wir es einfach hängen lassen können. Seine Störung will als solche erkannt werden! Indem wir Krankes und Störendes wohlwollend in unsere Mitte nehmen, hat es die Möglichkeit, sich an den vorhandenen gesunden Schwingungen wieder einzuschwingen.

Jeder Mensch hat sowohl wohlklingende Töne wie auch scherbelnde Misstöne in sich. Integration bedeutet, uns nicht gegenseitig mit Hilfe vorhandener Misstöne auszugrenzen, sondern uns mit gesunden Schwingungen zu begegnen, um uns auf diese Weise aneinander zu regenerieren. Unter diesem Gesichtspunkt ist es mir ein grosses Anliegen, dass die Gruppenerfahrung im Atelier gerade für Kinder, die unter sozialen Schwierigkeiten leiden, ein Erfolgserlebnis wird. Jedes Kind kann gesunde Schwingungen abgeben, und jedes hat auch einen Bereich, wo es sich durch die Schwingungen anderer berühren und heilen lassen kann.

Kinder mit sozialen, gesundheitlichen oder psychischen Problemen haben meist schon verschiedene Erfahrungen der Ausgrenzung gemacht. Sie erleben sich vielleicht bereits als störend, weil sie in einer Gruppe besondere Unterstützung oder Hilfestellung benötigen. Entwickelt das Kind deshalb an Stelle eines gesunden Selbstbewusstseins ein Bewusstsein für seine Störung, beginnt es sich mit der Zeit selbst aus einer Gruppe auszuschliessen. Daraus entsteht ein Teufelskreis, der schwierig zu durchbrechen ist. Auch die besorgten Eltern haben verständlicherweise ein besonderes Augenmerk auf die Probleme ihres Kindes. Wichtig ist, dass sie trotz allem den Blick für das Gesunde behalten und nicht die Störung ins Zentrum seiner Persönlichkeit stellen.

Die Entfremdung vom natürlichen Lebensraum

Kinder wollen nicht einfach «spielen», sondern die Welt, in der sie leben, verstehen, mittragen und mitgestalten. Sie wollen sich daran beteiligen und eine ihren Kräften und Fähigkeiten entsprechende Aufgabe haben. Das Kind braucht die Erfahrung, dass es dazugehört und dass es zum Wohl der Gemeinschaft etwas beitragen kann.

Kindern wird heute wenig Möglichkeit geboten, den Alltag aktiv mittragen zu können, und sie erleben sich oft als Belastung für die Erwachsenen. Dies ruft notgedrungen ein ganzes Heer von Pädagogen auf den Plan, die mit allerlei Spielzeug und Freizeitangeboten dieses Vakuum zu füllen versuchen.

An dieser Stelle erinnere ich mich an ein Gespräch mit Martins Mutter:

Pizzabacken
Jetzt verstehe ich plötzlich etwas ganz Einfaches! Ich weiss jetzt, was am gemeinsamen Pizzabacken mit Martin so schön war. Ich erkenne erst jetzt, wie wichtig diese Erfahrung für uns beide war und was sich seither zwischen uns zu verändern beginnt: Aus Zeitdruck und weil er einfach keine Idee zum Spielen hatte, bat ich ihn, mir beim Zubereiten des gemeinsamen Mittagessens zu helfen. Dies war eine wunderschöne Tätigkeit, die wir beide sehr genossen. Warum dies jedoch so besonders war, wird mir erst jetzt bewusst.

In der heutigen technisierten Welt haben wir uns daran gewöhnt, dass wir nicht mehr alle Zusammenhänge des täglichen Lebens verstehen, wir leben unseren Alltag nicht mehr als natürliche Einheit. Für uns ist Entfremdung normal geworden, für das Kind hingegen ist sie verwirrend und überfordernd. Kann es Zusammenhänge nicht nachvollziehen, fühlt es sich nicht zugehörig. Die Entfremdung vom eigenen Lebensraum ist auch eine Form der Ausgrenzung.

Es liegt nicht nur an der gefährlichen Strasse, am fehlenden Bach, am verbotenen Wald, am ungeeigneten Garten oder an der zu engen Wohnung, dass dem Kind elementare Erfahrungen fehlen. Vielmehr ist es das fehlende Bewusstsein der Entfremdung bei den Erwachsenen, welches zu diesem Manko führt. Auch wenn wir unseren Kindern erklären, wo Brot, Milch, Fleisch oder Gemüse herkommen, ihnen zeigen, dass ein Feuer im Ofen ein Zimmer erwärmen kann, oder sie wissen lassen, dass Geld nicht einfach so aus dem Automaten kommt – diese Erklärungen bleiben rein theoretisch, solange wir nicht bemüht sind, trotz verlockender und bequemer Konsumangebote das Verbundensein zu leben. Die Aufklärung über natürliche Zusammenhänge reicht nicht aus; erst durch die Erfahrung können diese integriert werden.

Von der Verbindung zum Boden

Lisa (6) ist ein fröhliches, bewegungsfreudiges Kind. Trotz ihres offenen Wesens ist es schwierig, mit ihr Kontakt aufzunehmen. Ihre Gedanken und Gefühle sind schwer zu erreichen, und oft habe ich den Eindruck, als lebe sie in einer eigenen weit entfernten Welt. Ihr Blick ist hastig, ihre Bewegungen schnell und unruhig. Wir erreichen uns auch mit Worten nicht und reden aneinander vorbei. Doch durch ihr Malen und meine fragende, manchmal unnachgiebige Begleitung beginnt sie allmählich Zusammenhänge herzustellen.

Ihre ersten Bilder sind lauter Aufzählungen zufälliger Gegenstände. Jedesmal, wenn ich sie auf den Inhalt ihres Bildes anspreche, weicht sie aus, ihre eigenen Zeichen werden ihr fremd, und die gemalten Formen erhalten immer wieder eine andere Bedeutung als zuvor. Ihre Gedanken und Fantasien scheinen nicht mit dem verbunden zu sein, was sie tut. Für mich wird die Begleitung zu einem Verwirrspiel: Lisa malt einen roten Hasen und spricht gleichzeitig von einer Katze auf ihrem Bild. Als ich dies klären will, holt sie einen Pinsel grüne Farbe und gibt mir zur Antwort:

Lisa: Das ist eine Sonne, oder nein, es gibt zwei ... und einen violetten Mond.

Sie bleibt stehen und sucht mit einem hastigen Blick ihr Bild ab.

Lisa: Das Blaue ist ein Apfel, der Hase hat ihn weggeworfen.
Ich: Hat er nicht gerne Äpfel?
Lisa: Nein, pfui, lieber Rüben.

Lisa holt Farbe und malt dem Hasen tatsächlich eine Rübe! Danach holt sie weisse Farbe und malt Schnee.

Ich: Ist es Winter auf deinem Bild?
Lisa: Nein, der Hase hat lieber Sommer, nur beim Apfel hat es Schnee.
Ich: Gibt es ein anderes Tier, das den Apfel vielleicht gerne essen würde?
Lisa: Ja, die Ameisen im Schnee, sie essen den Apfel.
Ich: Wenn es Schnee hat, sind die Ameisen unter dem Boden, im Schnee ist es ihnen zu kalt, da würden sie erfrieren ...

Langsam beginnen sich die Dinge zu ordnen und ihre Bilder werden verständlicher. Oft fehlt ihnen jedoch der Boden, oder es ist dafür zu wenig Platz. Erst durch mein Interesse bekommt er von Lisa die nötige Aufmerksamkeit. Es folgen mehrere Bilder, bei denen wir für den Boden des Bildes ein Stück Papier anhängen müssen (Bild 1).

Danach kommt das erste flächig gemalte Bild.

Lisa: Eine Eule fliegt durch die Nacht. Manchmal ist die Nacht unheimlich, aber zusammen mit der Eule ist es gut, sie hat nie Angst. Sie hat nämlich leuchtende Augen und ganz gute Ohren, die alles hören.

Lisa setzt sich ganz vertraulich auf meinen Schoss, kuschelt sich an mich und betrachtet aufmerksam ihr Bild. Jetzt sind ihre Sinne geöffnet, und sie weiss: Es ist jemand da, der sich nicht fürchtet, jemand, der mit offenen Augen und Ohren zuhören und zuschauen kann (Bild 2).

In der nächsten Malstunde entsteht folgendes Bild:

Lisa: Der Goldregen versinkt im Meer. An schlechten Tagen bleibt das Gold unter dem Wasser, an guten Tagen steigt es aus dem Wasser und wird ein Regenbogen (Bild 3).

4

Lisa beginnt ihre Bilder intensiv mitzuerleben. Ich lerne sie von einer neuen und sinnlichen Seite kennen. Sie malt sehr vertieft und streicht die Farbe genüsslich und bedächtig auf ihr Bild.
Lisa: Ein Muttergotteskäfer. Er ist auch eine Mutter. Sie sucht Futter für ihre Jungen. Es gibt Futter, sie sieht es aber nicht!
Ich: Wo sind die jungen Käfer?
Lisa: Sie sitzen auf dem Boden und schreien: «Hunger, Hunger, Hunger!»
Ich: Wie viel Zeit hat sie noch, um das Futter zu finden?
Lisa: Nicht mehr viel, nur noch fünf Minuten, und es ist so ein Stress, dass sie das Futter nicht sieht!
Ich: Kannst du ihr helfen und ihr zeigen, wo das Futter ist?
Lisa: Ja, wenn ich es ihr male.
Danach entsteht ein dichtes und intensives Bild. Der Mutterkäfer nimmt die Form eines Herzens an, und die Jungen versammeln sich um das Mutterherz (Bild 4).

Das Kind im System der Familie

Die Familie als Beziehungsnetz

In der begleitenden Arbeit mit einem Kind können wir seine Persönlichkeit und Lebenssituation nur dann ins Zentrum stellen, wenn wir gleichzeitig auch seiner Familie und seinem sozialen Umfeld Beachtung schenken. Ein Kind ist immer auch Teil eines komplexen Familiensystems. Das Besondere an seiner Situation ist die Abhängigkeit vom System, da es diesem nicht entfliehen kann. Es hat kaum eine Möglichkeit, ein negativ wirkendes System aus eigener Kraft zu verlassen. Dieser Umstand verpflichtet!

Mit dem Ziel, eigene Entwicklungschancen zu verbessern, wird es sich innerhalb der Familie auf die Suche nach seinem optimalen Platz machen. Intuitiv erstellt es sich ein Bild der verschiedenen Personen und weiss, womit es sich Gehör verschaffen kann. Nicht selten orientiert es sich dabei an der Rolle eines Geschwisters, das aus seiner Sicht den optimalen Platz bereits gefunden hat.

Miriams Weg ans Wasser

Miriam (8) hat oft das Gefühl, dass sie nicht so ist, wie sie sein sollte, obschon sie das, was sie als «falsch» empfindet, nicht in Worte fassen kann. In solchen Momenten ist sie sehr bedrückt und unzugänglich, was ihre Eltern beunruhigt. Ihr ausdrücklicher Wunsch ist, dass Miriam durch das Malen einen positiven Zugang zu sich selbst finden kann.

Miriams Mutter: Ihre jüngere Schwester ist viel unbeschwerter, sie ist eine richtige kleine Sonne. Zuerst dachte ich, dass ihre fröhliche Art für Miriam hilfreich sein könnte, was aber nicht gelingen will. Im Gegenteil, Miriam kann in ihren schwierigen Zeiten die sonnige Art ihrer Schwester kaum ertragen.

1

An diese Äusserung erinnere ich mich in der folgenden Malstunde.

Miriam malt eine grosse feurige Sonne (Bild 1).

Miriam: Die Sonne ist sehr heiss! Eigentlich ist sie sich selbst zu heiss. Die Augen hat sie geschlossen, weil sie sich sonst selbst blendet.

Ich: Hast du eine Ahnung, wo ihre Strahlen hinscheinen?

Miriam: Ja, ich weiss es, soll ich es malen?
Miriam malt weiter.
Miriam: Die Sonne scheint in die Wüste ... und könnte das arme Kamel nicht so gut Wasser speichern, wäre es schon längst verdurstet!

In der folgenden Malstunde experimentiert Miriam mit Farben. Es entsteht eine bunte Landschaft. Ein Eisbär sitzt darin vor seinem Höhleneingang und beobachtet die farbige Welt. Eigentlich möchte er gerne in die Landschaft hineingehen. Doch kaum erscheint in der rechten oberen Ecke die Sonne, wird es ihm zu heiss.
Miriam: In seiner Eishöhle ist es schön kühl, er wartet dort, bis es Abend wird. Der gelbe Bogen ist ein Schutz, damit ihm das Eis nicht wegschmilzt (Bild 2).

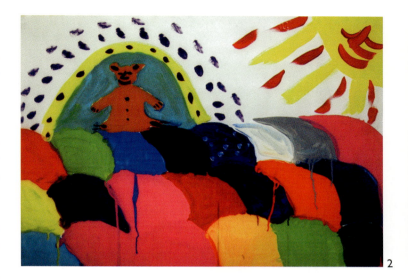

Eine Woche später malt Miriam noch einmal einen Bären, diesmal ist es ein Braunbär.
Ich: Wie könnte die Umgebung dieses Bären aussehen?
Miriam: Es hat Wasser, das weiss ich ganz sicher!
Sie malt neben dem Bären einen kleinen Teich, damit der Bär darin baden kann.
Miriam: Das Wasser reicht aber nicht einmal zum Schwimmen.
Auf meinen Vorschlag hin malt Miriam auf einem nächsten Bild dem Bären so viel Wasser, wie dieser zum Schwimmen benötigt. Sie malt mit den Händen. Zum erstenmal strahlt sie zufrieden und glücklich. Als wäre sie selbst der planschende Bär, spielt sie genüsslich mit der blauen Farbe (Bild 3).
Die gut gemeinte Unterstützung durch die kleine Schwester war für Miriam keine Hilfe. Mit ihrer Bildergeschichte konnte sie den Weg zu den eigenen Ressourcen, ihren Weg zum Wasser finden. Sie hat damit auch uns geholfen, ihre Qualitäten zu erkennen. So können wir sie darin bestärken, als «Wasserkind» sie selbst zu sein, statt im «Sonnenkind» das Kind zu sehen, das sie aus ihrer Sicht sein sollte.

In einer Familie mit mehreren Kindern führt die Suche nach dem optimalen Platz oft zu Rivalitäten unter den Geschwistern. Vor allem dann, wenn verschiedene Geschwister sich in derselben Rolle als die oder der Beste sehen. Wichtig ist deshalb, dass Eltern die Verschiedenartigkeit der Rollen unterstützen und den Kindern in ihrer Unterschiedlichkeit Gleichwertigkeit vermitteln.

Ein Familiensystem stelle ich mir wie ein Mobile vor. Alle Teile daran sind beweglich und funktionieren durch einander gegenseitig tragende Kräfte. Sind die verschiedenen Kräfte nicht im Gleichgewicht, fällt es auseinander.

Versucht eine Familie, am einmal erreichten Gleichgewicht festzuhalten, wird sie Veränderungen nur widerwillig zulassen. Akzeptiert sie hingegen die Veränderlichkeit, erhält ihr System eine grosse gemeinsame Dynamik. Denn verändert sich ein Teil des Mobiles, hat dies unweigerlich Auswirkungen auf das Ganze. Soll es nicht aus dem Gleichgewicht fallen, muss auf der Gegenseite ebenfalls eine Veränderung stattfinden, da jedes Gewicht nach einem entsprechenden Gegengewicht sucht.

Jedes Familiensystem hat auch seine Schwachstelle. Kinder haben ein äusserst feines Gespür dafür und können mit verschiedensten Störungen und Auffälligkeiten darauf reagieren. Oft konfrontieren sie ihre Eltern dadurch mit deren eigenen, längst verdrängten Schattenseiten. Die Sorgen um ihre Kinder sind für sie vor allem dort schmerzhaft, wo sie selbst noch mit sich kämpfen, wo sie sich selbst darin erkennen, wo auch sie verletzt oder in ihrer Entwicklung blockiert worden sind. In jeder physischen, psychischen oder sozialen Auffälligkeit eines Kindes wohnt immer auch eine gesunde Kraft, die für alle am System Beteiligten als Chance für ein Wachstum angesehen werden kann.

Unsere Familie
Noé (8): Das ist unsere Familie. Wir sind in Italien in den Ferien und sitzen alle im selben Boot.

Den Mechanismen jedes Familiensystems liegt, bewusst oder unbewusst, ein übergeordnetes Ideal zu Grunde. Wird dieses offen kommuniziert, ist es ein lebendiger Bestandteil des Zusammenlebens und somit ein Gefäss, das allen Familienmitgliedern die Möglichkeit gibt, eigene Werte und Ansprüche des Zusammenlebens bekannt zu geben.

Darf ein übergeordnetes Ideal jedoch weder hinterfragt noch verändert werden, entsteht daraus ein beengender Familienmythos und damit verbunden eine ganze Reihe von Tabus und dogmatischen Einschränkungen. Aus lebendigen Beziehungen mit bedürftigen Menschen werden Arrangements, in denen jede daran beteiligte Person zu Gunsten des Mythos die ihr zugeteilte Rolle erfüllen muss. Dies führt zu angstvollen Absicherungen verschiedener Personen, die in gegenseitiger Abhängigkeit stehen. Ihr Handeln und Entscheiden ist geprägt durch Vereinbarungen, die dem Mythos entsprechen müssen.

Übergeordnete, oft unerreichte Ideale der Kindheit spielen bereits bei der Wahl des Partners, der Partnerin eine grosse Rolle. Eigene Ängste, Nöte und die damit zusammenhängende Bedürftigkeit führen zu Projektionen auf den geliebten Menschen; wir erhoffen uns dadurch ein Ende unserer Schwierigkeiten. Die Erlösung von Projektionen besteht nicht darin, sich diese gegenseitig zu erfüllen. Vielmehr führen Projektionen nur dann zur Erlösung eigener Schattenseiten, wenn sie uns an diese heranführen.

Der Kopfbaum

Anina (9): Ein Mädchen und ein Junge sind ineinander verliebt. Doch der Junge will es nicht zugeben, weil er Angst hat. Da verwandelt sich sein Körper in einen Baumstamm und seine Beine werden Wurzeln. Nur der Kopf wächst noch weiter zu einer grossen Baumkrone. Er ist also ein Kopfbaum geworden. Ich male ihm jetzt noch die grossen Ohren.

Anina lacht vergnügt und holt sich rote Farbe, um ihm auch die Äderchen in den Ohren zu malen. Dabei tropft ihr die Farbe vom Pinsel aufs Bild.

Anina: Oh, was geschieht jetzt? Dem Kopfbaum fallen die Früchte aus den Ohren! Das Mädchen, das neben dem geliebten verzauberten Jungen steht, fängt diese schnell auf. Es ist zwar traurig, dass sein Freund ein Kopfbaum geworden ist, freut sich aber auch über die Früchte. Schnell isst es alle auf, mitsamt den Kernen. Doch in diesem Moment beginnt im Bauch des Mädchens etwas zu wachsen. Viele Äste wachsen aus seinem Körper, seinen Armen und Beinen. Das ganze Mädchen wird davon eingepackt, es kann sich überhaupt nicht mehr bewegen und auch nicht mehr weglaufen. Es ist eingeschlossen. Jetzt sind beide verzaubert.

Ich: Sind sie für immer verzaubert, oder gibt es eine Möglichkeit, dass sie sich wieder erlösen können?
Anina: Ja, sie können sich wieder erlösen. Ich erzähle jetzt, wie es möglich wäre: Das Mädchen muss sich da öffnen.
Anina legt sich beide Hände in die Gegend ihres Solarplexus.
Anina: Dann muss es den Fruchtkern der gegessenen Frucht herausnehmen und diesen dem Kopfbaum in den Mund stecken. Wenn es das gemacht hat, fallen ihm alle Äste und Wurzeln ab, und es ist wieder frei.
Den Fruchtkern muss der Kopfbaum selber essen. Es sind ja seine Früchte! Sobald dieser Kern in seinem Bauch ist, wird der Baumstamm lebendig und stark. Aus seinem Holzbauch wird wieder ein richtiger und lebendiger Körper. So bekommt er sehr viel Kraft. Er braucht nämlich jetzt auch sehr viel Kraft, denn er muss seine Beine und Füsse, die fest im Boden verwurzelt sind, so lange losstrampeln, bis er sie aus dem Boden befreien kann. Erst dann ist auch er erlöst.

«Liebe kann Berge versetzen.» Dieses Sprichwort hat durchaus seine Berechtigung. Projektionen führen uns in der Liebe an die Berge heran. Das Versetzen dieser Berge ist eine gemeinsame Arbeit, die eine «beziehungslange» Aufmerksamkeit benötigt! Da, wo die aus Projektionen entstandenen Enttäuschungen des Partners auf uns warten, ist auch die gemeinsame Möglichkeit zur «Heilung».

Es kommt eine schwere Zeit auf sie zu
Carol (9): Ein Vogelpaar steht vor einem tiefen Abgrund. Obschon beide fliegen können, fürchten sie sich davor, den Abgrund zu überfliegen. Da kommt die Sonne und scheint so stark in das Regenwetter, dass sich über dem Abgrund ein Regenbogen bildet. Es kommen schwere Zeiten auf sie zu, aber sie müssen hier durch, es geht nicht anders. Der Regenbogen wird ihnen helfen.

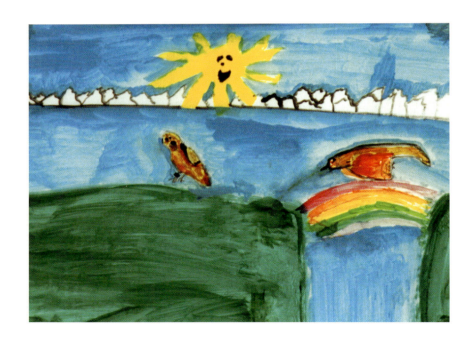

Scheuen wir uns jedoch in der partnerschaftlichen Beziehung vor Auseinandersetzungen, kommt es zu den bereits erwähnten Arrangements. Auf Grund anfänglicher Projektionen suchen wir Formen des Zusammenlebens, die keine Fragen mehr benötigen. Dadurch wird auch nichts mehr in Frage gestellt, und beide können ihre Schattenseiten ausblenden. In gegenseitigen Abhängigkeiten passen Paare meistens sehr gut zusammen!

Sie haben vor dem selben Angst

Christina (9): Ein Huhn und ein Hahn hatten immer Streit und hatten sich dabei die schönsten Federn ausgerissen. Deshalb haben sie jetzt eine Wand in den Stall gemacht, es ist einfach besser so!

Eine Woche später malt Christina das Huhn und den Hahn noch ein zweites Mal.

Christina: So, ich habe die beiden nochmals gemalt, und zwar mit den schönen Federn, die ihnen in der Zeit des Getrenntseins nachgewachsen sind. Es ist jedes in seinem eigenen Stall. Doch jetzt gehen sie dann gleich wieder zusammen.

Christina bleibt besorgt und kopfschüttelnd vor ihrem Bild stehen.

Ich: Sie gehen wieder zusammen?

Christina: Ja, weisst du, wegen des Gewitters. Sie haben vor dem selben Angst! Dazu kommt, dass der Hahn einfach kein gutes Dach über dem Kopf hat. Schau, er ist schon ganz nass, da hat das Huhn eben Mitleid mit ihm ...

Wenn Eltern sich trennen

Heute durchleben viele Kinder eine Trennung oder Scheidung ihrer Eltern. Für jedes Kind ist dies ein unfreiwilliger, schmerzhafter Lernprozess, der von Trauer und Wut, vor allem aber von Überforderung gekennzeichnet ist. Wenn sich das vertraute Familiensystem auflöst und die Kinder unfreiwillig ihren Platz verlassen müssen, verlieren sie vorübergehend den nährenden Boden. Auch wenn dieser Platz schon längst nicht mehr optimal war, im Moment der Auflösung ist nichts mehr da, kein Platz und kein System! Dieser Umstand löst grosse Verunsicherung aus.

Viele Kinder fühlen sich verantwortlich für die Trennung der Eltern. Da sie ohne bewusste Absicht ihre Eltern meist dort mit Schwierigkeiten konfrontieren, wo deren eigene Probleme sind, liegt es nahe, dass sie sich bei einer Trennung dafür verantwortlich fühlen. Wird ein Kind mit seinen Schuldgefühlen allein gelassen, so wird seine Persönlichkeit wie auch seine Beziehungsfähigkeit verletzt. Durch die einer Trennung innewohnende Ehrlichkeit kann ein Kind aber auch erstarken. Wichtig ist, dass die Eltern die Verantwortung und damit die Schuld für die Trennung klar und eindeutig übernehmen. Nur so können sie dem Schmerz, der Trauer und der Wut des Kindes mit der nötigen Hinwendung begegnen.

Kann ein Kind aus diesem schmerzlichen Lebensabschnitt positiv herauswachsen, nimmt es wichtige Erfahrungen mit auf seinen weiteren Weg. Es lernt: Ein Familiensystem, in dem jemand oder alle Beteiligten leiden, muss nicht zwangsläufig aufrechterhalten werden. Es ist erlaubt, ehrlich zu sein und zu sich selbst zu stehen. Für eigene Entscheidungen muss auch Verantwortung getragen werden. Und es ist möglich und mutig, neue Systeme aufzubauen und mitzutragen.

Einer Trennung gehen oft Jahre der Spannung, der Konflikte und des Schmerzes voraus. Selbst wenn sich die schwierigen Umstände auf der Partnerebene abspielen und das Familienleben nicht direkt betroffen ist, leidet das Kind mit. Durch eine Trennung erhalten alle Beteiligten, auch die Kinder, die Legitimation, über die vergangene Zeit zu reden, um ihre Probleme auf den Tisch zu bringen.

Viele ebenso unglückliche Paare bleiben aber mit Hilfe eingespielter Arrangements trotzdem weiterhin zusammen. Ihre Spannungen bleiben unausgesprochen, und die Kinder fürchten sich vor einer Konfrontation damit. Ihre Eltern leben äusserlich zwar zusammen, sind aber innerlich längst getrennt, ohne dass dies je ausgesprochen werden darf. Die Kinder spüren, dass ihr System nur so lange erhalten bleibt, wie sie mitspielen, und übernehmen dabei eine Verantwortung, die sie unmöglich tragen können. Solche Kinder leiden im Stillen, und ihr Schmerz wird oft nicht erkannt.

Die kindliche Loyalität

Für alle Mütter und Väter dieser Welt gibt es eine unverrückbare Tatsache, die sich weder durch ein Pflegeverhältnis noch durch Adoption, weder durch Scheidung noch durch Trennung verändern lässt:

Elternschaft ist nicht kündbar!

Es gibt für jeden Menschen nur einen Vater und nur eine Mutter. Das wird, unabhängig von den Lebensumständen, bis an sein Lebensende so bleiben. Solange das Kind in seiner Herkunftsfamilie aufwächst, ist dies selbstverständlich. Löst sich diese auf, wird sich ein neues System bilden, und es wird andere Menschen in sein Bezugsnetz integrieren. Partner oder Partnerinnen der Mutter bzw. des Vaters oder Pflegeeltern übernehmen elterliche Aufgaben und werden so zu Vertrauten. Je nach Lebenssituation fühlt es sich mit ihnen zufriedener und sicherer als dies mit den leiblichen Eltern möglich wäre. Sobald sie als Bezugspersonen jedoch versuchen, den Platz der fehlenden Mutter oder des Vaters einzunehmen, werden sie sich überfordern. In einer neu entstandenen Stieffamilie belastet dieser Versuch nicht nur die Beziehung zum Kind, sondern vor allem die neue Partnerschaft.

Stiefeltern können nur im Einverständnis mit den leiblichen Eltern erfolgreich erzieherische Aufgaben übernehmen, da sonst beim Kind ein Loyalitätskonflikt entsteht. Auch wenn der Vater oder die Mutter im Alltag nicht mehr anwesend sind, ist ihr Platz trotzdem besetzt.

Ein Kind, das durch Adoption neue Eltern und sogar einen neuen Namen erhalten hat, kennt in der Regel seine leiblichen Eltern nicht. Doch auch bei ihm ist der Platz der leiblichen Eltern bereits besetzt, und die Adoptiveltern haben diese Tatsache zu respektieren. Dabei geht es nicht darum, dass das Kind die Adoptiveltern weniger liebt oder ihnen weniger Vertrauen schenkt, als es den leiblichen Eltern entgegenbringen würde. Es geht lediglich darum, ein naturgegebenes Verhältnis zu akzeptieren.

Der Weg zur Krippe

Janos (7) lebt bei seiner Mutter und deren Lebenspartner, der ihm gegenüber elterliche Verantwortlichkeit übernimmt. Vor noch nicht allzu langer Zeit hat Janos seinen leiblichen Vater kennen gelernt. Dadurch ist für ihn eine neue Lebenssituation entstanden. Diese Erfahrung brachte sowohl Klarheit wie auch aufwühlende Gefühle mit sich.

Janos betritt das Malatelier. Draussen ist es kalt, Weihnachten steht vor der Tür.

Janos: Heute male ich ein Weihnachtsbild. Ich weiss schon was: den Stern von Bethlehem.

Das Bild des leuchtenden Sterns ist fertig.

Janos: Dieser Stern hat den Königen den Weg zur Krippe gezeigt! Ich male noch die drei Könige, das Jesuskind, Josef und Maria im Stall von Bethlehem.

Ich hänge unter den Stern ein neues Blatt, damit er die nach der Krippe suchenden Könige malen kann. Daraus ist eine ganze Bildergeschichte geworden:

Janos: Die drei Könige sind auf dem Weg zur Krippe. Sie wandern durch die Wüste. Da kommt ihnen ein Sandsturm entgegen und wirbelt alles durcheinander. Die Geschenke, die sie mitbringen wollten, und das Kamel samt Gepäck werden vom Sturm weggeblasen. Sie verlieren sogar ihre wertvollen Kronen. Jetzt müssen sie zu Fuss und ohne Geschenke weitergehen. Immer wieder kommen ihnen Wellen von Sandstürmen entgegen. Alles, was ihnen bleibt, ist der Bethlehemstern. Er schickt den Königen eine leuchtende Kugel, die ihnen helfen soll. Mit dieser Kugel können sie sich neue, noch wertvollere Kronen wünschen. Sie sind aus Silber und mit schönen Edelsteinen verziert. Wenn sie es wirklich wollen, können sie damit jeden Sturm durchqueren. Neue Stürme versinken wie umgekehrte Wirbelstürme im Boden. Kaum ist das geschehen, stehen sie auch schon vor der Krippe. Alles ist plötzlich so schnell gegangen! Auch Maria und Josef erschrecken, und Maria beschützt ihr Kind.

Jetzt, wo die Könige endlich angekommen sind, getrauen sie sich gar nicht, richtig hinzuschauen!

Das Recht auf Loyalität gegenüber den leiblichen Eltern erfordert einen respektvollen Umgang. Kommt es in der Beziehung zu Schwierigkeiten, ist dieser Umgang nicht mehr gewährleistet. Was vordergründig dem Wohl des Kindes dienen soll, ist hintergründig eine Strategie, um persönliche Schlachten auszufechten.

Die Befürchtung, die Loyalität des Kindes zu verlieren, indem der Partner oder die Partnerin diese bewusst zu untergraben versucht, kennen nicht nur Eltern in Trennungssituationen. Auch Kinder, die in ihrer Herkunftsfamilie aufwachsen, leben mit dieser Problematik. Gerade dort, wo Eltern sich innerlich getrennt haben, äusserlich aber weiterhin zusammenleben, wird die Loyalität des Kindes oft mit Füssen getreten.

Es wird jedoch niemals gelingen, die Loyalität bis in die Wurzeln zu brechen. Alles, was es mit sich bringt, ist ein Konflikt, den das Kind mit sich selbst austragen muss. Es entsteht ein Schmerz, der keine Worte kennt, eine Not, die eine Menge undefinierbarer Schuldgefühle mit sich bringt und deshalb oft unerkannt bleibt.

Aus der Sicht des Kindes ist die Loyalität das grosse Geschenk an seine Eltern. Es ist eine Liebe, die sie sich nicht verdienen können, eine Treue, die ihnen nicht verloren gehen wird.

Lebenskraft besteht darin, «tätig zu sein»

Das Kind tritt jedem neuen Tag mit lebendiger Neugierde entgegen und wird dabei von einer klaren Antriebskraft geleitet. Sein Lebensgefühl besteht darin, tätig zu sein. Es macht die Erfahrung, dass seine Taten Konsequenzen haben, für die es verantwortlich gemacht werden kann. Haben diese eine positive Auswirkung auf die Umgebung, sind sie gut zu tragen. Wirken sie sich jedoch negativ aus, ist es schwieriger, damit umzugehen. Das Kind braucht unsere Hilfe, um mit den negativen Auswirkungen seines Handelns fertig zu werden. Ein Grossteil der «Missetaten» ergeben sich nämlich aus Unwissenheit, falscher Einschätzung einer Situation, Überschätzung der eigenen Fähigkeiten oder fehlender Vorstellung der Konsequenzen.

Viele Erwachsene können jedoch nicht konstruktiv Hand bieten, weil sie selbst ein gebrochenes Verhältnis zum «Täter»-Begriff haben. Auch ihre kindlichen Taten waren einmal unbequem, fielen zur Last und haben Schaden angerichtet. Daraus sind hemmende Schuld- und Schamgefühle entstanden, und sie haben längst gelernt, die bequeme Opferrolle einzunehmen. Wer Opfer sein will, braucht dazu einen Täter. Kinder bieten sich dafür geradezu an!

Das eigene Handeln hat Konsequenzen. Ich riskiere dabei auch, dass sich jemand enttäuscht, traurig oder wütend von mir abwendet. Meine Ehrlichkeit kann weh tun, und ich werde diesen Schmerz mittragen müssen.

Es wird Zeit, dass wir uns an dieser Stelle vom moralischen Begriff der «Schuld» befreien und ihn in seinem menschlichen und mitfühlenden, wenn auch schmerzlichen Aspekt neu entdecken.

Dornröschen 2. Teil

Dornröschen sticht sich an einer Spindel und fällt in einen tiefen Schlaf. Dieser hundertjährige Schlaf bedeutet einen Rückzug vom Leben. Dornröschen bleibt lange Zeit vom Schmerz des Lebens unberührt und unverletzt, während die Prinzen, die Dornröschen erlösen wollen, an ihren Verletzungen sterben, ohne dass sich Dornröschen dessen bewusst ist. Erst als es durch eine tiefe Berührung erweckt wird, beginnt es «Schuld» im Sinne von Verantwortung für sein Leben zu übernehmen.

Berührbar und damit verletzbar werden heisst also auch, die kindliche Unschuld zu verlieren und mitschuldig zu werden am Leben. Sich in einer verletzenden Situation unnahbar zu zeigen bedeutet aus dieser Sicht das Ablehnen eigener Schuld. Es geht darum, sich zu erlauben, aktiv im Leben zu stehen und so das Risiko auf sich zu nehmen, etwas zu bewirken, ohne sich für die eigene Lebendigkeit entschuldigen zu müssen.

Fällt bei den Eltern ihr grundsätzliches Eingeständnis des eigenen Verschuldens weg, können sie dem Kind unmöglich hilfreich zur Seite stehen. Vielmehr wird ihr Verhalten beim Kind neue und undefinierbare Schuldgefühle auslösen. Nicht übernommene Schuld der Eltern trägt somit das Kind.

Eltern sind es ihren Kindern «schuldig», die Schuldverkettungen in der eigenen Familie zu erkennen. Nur so können «Altlasten» aufgelöst werden. Oft entdecken Erwachsene die Schuldverkettung zwar, können diese aber erst lösen, wenn sie als ehemalige Opfer bereit sind, heute aus der Opferrolle auszusteigen. Eltern tragen die Verantwortung für das Entstehen eines kindlichen Schuldkomplexes, doch diesen später aufzulösen, liegt in der Verantwortung des davon betroffenen Menschen selbst. Aus Schuldzuweisungen auszusteigen setzt voraus, dass man es sich zutraut, sich mit der bei sich selbst bestehenden Problematik auseinander zu setzen.

Unerfüllte Sehnsucht und eingeschlafene Träume

Die Vorliebe für die bequeme Opferrolle bringt es mit sich, dass Menschen ausgeklügelte Strategien entwickeln, damit ihre Bedürfnisse befriedigt werden, ohne dass sie als Täter in Erscheinung zu treten brauchen. Um aber ihre innersten Herzenswünsche zu erfüllen und ihre tiefste Überzeugung ins Leben zu bringen, reichen die besten Strategien nicht aus. Die grossen Träume werden im Lauf der Zeit einschlafen – was bleibt, ist die Sehnsucht danach. Als ungestillter Hunger wird sie den Menschen immer wieder einholen. Sie ist eine Einladung des Lebens, Fesseln abzulegen, um Fülle und Farbigkeit als Geschenk entgegenzunehmen.

Wer jedoch die Verantwortung für ein Leben ohne Fesseln scheut, wird seinen Hunger nicht stillen können, sondern weiterhin mit tröstenden Ersatzbefriedigungen die quälende Sehnsucht nähren. Wie armselige Bettler stehen wir dann da und schlucken alles, was uns als Sehnsuchtsnahrung angeboten wird, ohne davon wirklich satt zu werden. Nähren wir die Sehn-Sucht, statt den eigentlichen Hunger zu stillen, muss unser Verhalten als Suchtverhalten angesehen werden.

Kinder erkennen solche Missstände intuitiv. Sie fragen im Grunde nach unserer Lebendigkeit, vermissen unser Lachen und suchen nach abenteuerlichem und intensivem Leben.

Anina (9) hat dazu folgende Geschichte gemalt:

Geretteter Reichtum

Das ist ein Seeräuberprinz und seine Seeräuberprinzessin. Sie haben soeben ein ganzes Schloss ausgeraubt. Der Seeräuber setzt sich die Krone auf, und die Seeräuberin trägt den Schmuck der Königin. Auf dem Tisch sind Teller, Messer und Gabeln, alles aus echtem Silber. Sie freuen sich und lachen. Unten im Bauch des Schiffes ist alles vollgepackt mit Gold und Edelsteinen. Zuunterst im Schiff ist der wertvollste, der grüne Edelstein, versteckt. Sie feiern voller Freude ihren gelungenen Raubzug.
Im Schloss, das jetzt kahl und leer ist, liegt im ersten Stock der König im Bett. Er hat nur noch ein altes Kajütenbett für sich und die Königin. Er hat vierzig Grad Fieber. Die Königin hat ihm einen grossen roten Kübel hingestellt. Es ist ihm nämlich so schlecht, dass er jeden Moment erbrechen könnte.
Unten in der Küche steht die Königin in alten, zerrissenen Kleidern, weil die Seeräuberprinzessin ihre schönen Kleider mitgenommen hat. Sie ist wütend, weil jetzt, wo sie nichts mehr besitzen, der dumme König auch noch krank geworden ist.
Vom Balkon und aus dem Dachfenster schauen noch zwei andere Frauen mit einem Fernglas aufs offene Meer. Sie können nichts

machen ausser zuschauen, wie der ganze Reichtum des Königs im Meer verschwindet. Diese beiden Frauen wohnen ebenfalls im ausgeraubten Schloss. Sie sind eigentlich nicht die Frauen des Königs. Aber weil er so viele schöne Schätze hat und ihnen ihre eigenen Männer verleidet sind, sind auch sie in dieses Schloss gezogen.

Und jetzt ist auf einmal alles weg, ausgeraubt, vorbei! Anina lacht und findet es super, dass das passiert ist.
Ich: Du freust dich für die beiden jungen Seeräuber. Die Leute im Schloss scheinen dir ziemlich egal zu sein. Höre ich das richtig?
Anina: Ja sicher, die Leute im Schloss sind ja alle so blöd!

Ich: Ich kann mir vorstellen, dass sie trotz des grossen Reichtums auch vorher nicht gerade glücklich waren.
Anina: Ja, das stimmt, es ist gut, dass jetzt alle Schätze und wertvollen Sachen auf dem Schiff sind, so sind sie gerettet!

Wie Kinder danken

Als Miriam (8) die Geschichte des wütenden und des freundlichen Schneemanns fertig gemalt hat (siehe Seite 84), kehrt Ruhe und Entspanntheit in ihren Malprozess ein. In der nächsten Malstunde beginnt sie ganz zufrieden und genüsslich ein neues Bild zu malen.
Miriam: Das ist ein Frühstückstisch in einem schönen Garten. Es ist Morgen, die Sonne scheint, und es ist schon warm. Auf dem Tisch sind feine, frische Brötchen und Gipfeli. Alles ist bereit! Du bist nämlich heute bei mir zum Frühstück eingeladen.

Kevin (9) hat heute seine letzte Malstunde in meinem Atelier. Es liegt eine lange gemeinsame Zeit hinter uns (siehe Seite 78). Als er seinem entstehenden Luftballon ein Gesicht malen will, rinnt ihm beim Malen der Augen die Farbe herunter.
Kevin: Der ist ja traurig, der weint ja!
Ich: Hast du eine Ahnung, was ihm fehlt oder was ihm gut tun könnte?
Kevin: Er sagt, dass du ihn trösten sollst.
Ich: Ich bin nicht sicher, ob ich die Richtige bin, ich könnte mir vorstellen, dass du es besser kannst als ich.

Kevin: Nein, nein, Christina, mach nur – ich weiss, dass du das kannst!
Die Stunde ist zu Ende, die Tränen auf Kevins Bild sind noch nass.
Kevin: Ich lasse ihn noch ein wenig bei dir und hole das Bild dann, wenn die Tränen getrocknet sind.

Mein Dank an die Kinder

An dieser Stelle möchte ich euch von Herzen für die Stunden danken, die ich immer wieder mit euch verbringen darf. Meine Arbeit im Malatelier ist mehr als ein Geben. Auch ich bekomme jedesmal sehr viel von euch: Es ist Fülle und Farbigkeit, Lebenshunger und Lebensfreude und nicht zuletzt die beeindruckende Weisheit und Ganzheitlichkeit, mit der ihr mir immer wieder aufs Neue begegnet.

Danken will ich auch für das nun vorliegende Buch, denn eure Geschichten haben es ermöglicht. Meine Aufgabe bestand darin, die aussagekräftigen Bilder und deren Geschichten zu einem grossen Ganzen zusammenzufügen. Ich habe versucht, eure Aussagen so wiederzugeben, dass sie für Erwachsene zugänglicher und verständlicher werden.

In diesem Sinne möchte ich allen Kindern abschliessend etwas mit auf den Weg geben:

> In der Kindheit geht es viel mehr darum, was ihr als Kinder beibehalten und nicht verlernen solltet, als dass ihr von uns Erwachsenen irgendetwas grundlegend Neues lernen könnt. Es ist die Aufgabe der Erwachsenen, euch zu dem zu verhelfen, was ihr im Grunde schon immer gewesen seid.

Dominic (7): Sonnenblumen

Begleiten lernen

Dieses Buch enthält bewusst keine methodischen Ansätze. Es hätte seine Bestimmung verfehlt, wenn es vom Leser, der Leserin als autodidaktisches Lehrmittel für die Arbeit als Malpädagoge verwendet würde.

Wer begleiten lernen will, muss sich in einem eigenen Malprozess selbst begleiten lassen und in einer Ausbildungssituation die verschiedensten Aspekte der Begleitung kennen lernen und einüben. Lernen durch begleitete Erfahrung kann durch Wissen aus Büchern ergänzt, jedoch niemals ersetzt werden.

Wenn es mir mit dem vorliegenden Buch gelungen ist, Ihnen eine respektvolle und wertfreie Haltung den Kindern und ihren Bildern gegenüber zu vermitteln, so ist der wichtigste Grundstein des Begleitens bereits gesetzt.

Ein Mädchen lernt schwimmen
Daniela (8): Ein Mädchen lernt schwimmen. Es hat schon noch ein wenig Angst, dass es untergehen könnte. Aber der Regenbogen gibt ihm Schutz und begleitet es. Ich glaube, es wird schon gut gehen.

Als Begleiterinnen übernehmen wir die Funktion des Regenbogens. Ohne selbst vorher schwimmen gelernt zu haben, sind wir in dieser Rolle unglaubwürdig. Das Kind wird unsere Unsicherheit intuitiv erkennen und sich dem Vertrauen der Begleiterin entziehen.

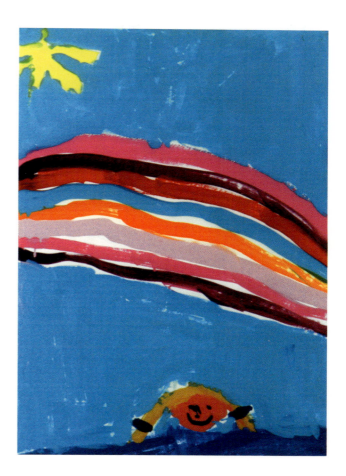

Die Autorin

Christina Studer
geboren 1957, Kindergärtnerin und Kunsttherapeutin, Mutter zweier Söhne, lebt und arbeitet in Solothurn. Ausgebildet am Institut für humanistische Kunsttherapie in Zürich, begleitet sie in ihrem Atelier seit zwanzig Jahren malende Kinder und Erwachsene. Ihre langjährige therapeutische Arbeit mit Erwachsenen und ihre Erinnerung an die eigenen Fragen, die sie als Kind mit sich trug, haben sie als Pädagogin zum Kind zurückgeführt. Das Kennenlernen vieler Kindheiten und der Blick hinter die Kulissen verschiedenster Familienzusammenhänge waren die Grundlage einer vertieften Sicht auf das Kind, seine Umgebung und seine Entwicklungsmöglichkeiten. Auf dieser Grundlage hat sie das begleitete Malen mit Kindern in eine Richtung weiterentwickelt, die der Reformpädagogik nahe steht. Ihre Erfahrungen gibt sie seit Jahren in Weiterbildungskursen weiter.

Zu meiner Arbeit

Malen mit Kindern:
Kinder zwischen 6 und 16 Jahren werden in wöchentlichen Gruppen- und Einzelstunden beim Malen begleitet.
Unter Einbezug des familiären und schulischen Umfeldes steht dabei der persönliche und kreative Prozess des Kindes im Vordergrund.

Malen als Weiterbildung:
Pädagoginnen und Pädagogen haben die Gelegenheit, sich im Bereich des begleiteten Malens weiterzubilden. Ein Lehrgang in Malpädagogik umfasst 10 Seminarien sowie Praxis- und Supervisionsbegleitung.

Malen in der Schule:
Wie funktioniert man eine alte Duschanlage oder einen ungebrauchten Werkraum in ein Malatelier um?
Interessierte Teams erhalten praktische und pädagogische Unterstützung bei der Realisierung eines Malraums in der Schule.

Weitere Informationen: www.kindermalen.ch

Postanschrift:
Christina Studer
Schluchtbachstrasse 1
4542 Luterbach

Quellennachweis der Zitate

Seite 6: Nelson Mandela, freie Übersetzung, aus der Antrittsrede 1994
Seite 13 unten: Indianisches Sprichwort, aus: *Weisst du, dass die Bäume reden?*, Verlag Herder
Seite 14: Bettina Egger: *Der gemalte Schrei*, Zytglogge Verlag
Seite 17: Friedrich Weinreb: *So kanns mit mir nicht weitergehen*, Kreuz Verlag
Seite 21: Maria Montessori, aus dem Film: *Wo ich bin, ist die Freiheit*
Seite 36: Wassily Kandinsky und Pablo Picasso: *Mit dem Auge des Kindes*, Hatje Verlag
Seite 41: Der Titel «Hilf mir, es selbst zu tun» ist ein Zitat von Maria Montessori, aus dem Film: *Wo ich bin, ist die Freiheit*
Seite 42: Rebeca Wild: *Erziehung zum Sein*, Arbor Verlag
Seite 53: Dieter Bürgin, in einem Vortrag von 1997
Seite 59: Eva Zoller: *Die kleinen Philosophen*, Pro Juventute
Seite 86: Hugo Kükelhaus, in einem Vortrag von 1984
Seite 91: Eleonore Höfner/H. U. Schachtner: *Das wär doch gelacht*, Rowohlt
Seite 95: Bettina Egger, mündliche Mitteilung, 1990; Daniela Blikhan: *Mit Kindern wachsen*, Jungfermann Verlag

Weiterführende Literatur

Bachmann, Helen I.: *Malen als Lebensspur*, Klett-Cotta Verlag
Blikhan, Daniela: *Mit Kindern wachsen*, Jungfermann Verlag
Dimitri: *Humor*, Goetheanum Verlag
Dosick, Wayne: *Kinder brauchen Werte*, Scherz
Dystra, Ingrit: *Wenn Kinder Schicksal tragen*, Kösel
Egger, Bettina: *Bilder verstehen*, Zytglogge Verlag
Egger, Bettina: *Faszination Malen*, Zytglogge Verlag
Fineberg, Jonathan und Helmut Friedel: *Mit dem Auge des Kindes*, Hatje Verlag
Hilty, Elisa: *Rotkäppchens Schwester*, Zytglogge
Kast, Verena: *Vom gelingenden Leben*, Walter Verlag
Krockauer, Rainer: *Sterne in der Nacht*, Kösel
Kunstunterricht in der Grundschule, Akademie Lehrerfortbildung Dillingen, Auer Verlag
Montessori, Maria: *Kinder sind anders*, dtv
Moost, Nele und Pieter Kunstreich: *Wenn die Ziege schwimmen lernt*, Wolfgang Mann Verlag
Oberholzer, Alex: *Gärten für Kinder*, Ulmer Verlag
Prekop, Jrina und Christel Schweizer: *Kinder sind Gäste, die nach dem Weg fragen*, Kösel
Riedel, Ingrid: *Farben*, Kreuz Verlag
Schärli, Otto: *Begegnungen mit Hugo Kükelhaus*, Verlag Mayer
Schieder, Brigitte: *Märchen machen Mut*, Don Bosco
Seitz, Rudolf: *Phantasie und Kreativität*, Don Bosco
Thich Nhat Hanh: *Schritte der Achtsamkeit*, Herder Spektrum
Wild, Rebeca: *Erziehung zum Sein*, Arbor Verlag
Zoller, Eva: *Die kleinen Philosophen*, Pro Juventute

Andrea Frommherz Edith Günter-Biedermann
Kinderwerkstatt Zauberkräuter
Mit Kindern die Geheimnisse und Heilkräfte
der Pflanzen entdecken

Andrea Frommherz Edith Biedermann
Kinderwerkstatt Bäume
Mit Kindern die Zauberwelt der Bäume entdecken

Martin Krampfer Heinz Knieriemen
Kinderwerkstatt Naturfarben und Lehm
Spielen, werken und bauen mit natürlichen Materialien

Marcel Kalberer Micky Remann
Das Weidenbaubuch
Die Kunst, lebendige Bauwerke zu gestalten

Otto Schärli
Werkstatt des Lebens
Durch die Sinne zum Sinn

Ueli Seiler-Hugova
Farben sehen – erleben – verstehen

Ursula Müller-Hiestand
Erde, Wasser, Luft, Feuer
Mit Kindern die vier Elemente erfahren

Ursula Müller-Hiestand
Feste und Feiern im Jahreskreis
Mit Kindern werken, gestalten und erleben

Ursula Müller-Hiestand
Papierwerkstatt
Mit Papier experimentieren, spielen und gestalten

Ursula Müller-Hiestand
Papiermaché

Dorothea Kalb-Brenek
Mosaik
Ideen – Kunst – Technik

AT Verlag
Bahnhofstrasse 39–43
CH-5001 Aarau
Telefon ++41-(0)62 836 62 46
Fax ++41-(0)62 836 66 67
E-mail: at-verlag@azag.ch
Internet: www.at-verlag.ch